www.tredition.de

AF189968

Petra-Alexa Prantl

Das verborgene Leben
der Sprachen

ug – rik – rak, rudh – krid – krak

hieß es vor 4000 Jahren

© 2020 Petra-Alexa Prantl

Coverentwurf	Petra-Alexa Prantl
Korrektorat	Gottfried Prantl
	Stefan Drabek
Lektorat und	Sylvia Bernhard-Kasanmascheff
Korrektorat	
Sprachliche Beratung	Dr. Peter Weiss
	Gernot Hohnstein
Fotos	Pixabay

Verlag & Druck: tredition GmbH, Halenreie 40-44, 22359 Hamburg

ISBN
Paperback   978-3-7497-2611-0
Hardcover   978-3-7497-2612-7
e-Book   978-3-7497-2613-4

Petra-Alexa Prantl

Das verborgene Leben der Sprachen

ug - rik – rak, rudh – krid – krak

hieß es vor 4000 Jahren

Petra-Alexa Prantl wurde 1953 in Nürnberg geboren. Sie studierte Pädagogik an der Universität Erlangen-Nürnberg. Nach der Familienphase arbeitete sie als Lehrerin und unterrichtete sechs verschiedene Sprachen. Neben ihrer Vorliebe für die Natur, für Musik und Philosophie führte ihre Reiselust sie in viele Teile der Erde, unter anderem in den Grand Canyon, nach Grönland und Neuseeland.

Gewidmet

meinen Freundinnen

Annelie, Elisabeth,

Sylvia, Ursula und Uta

in memoriam

an unsere gemeinsamen Lateinstunden

bei unserem originellen Lateinlehrer

Hans Zahn in Nürnberg.

Inhaltsverzeichnis

Vorwort

Hätten wir vor 4000 Jahren hier in Europa gelebt, hätten wir wie die Indogermanen **ug – rik – rak, rudh – krid - krak** gesagt. (vgl. Vanicek, A. 1874). Es ist verblüffend, dass sich diese Elemente auch im 21. Jahrhundert in unserem modernen deutschen Wortschatz entdecken lassen. Ob man die Fremdwörter Alien, Gravitation oder Ventilator untersucht – die lateinische Etymologie führt uns auf **indogermanische Wortwurzeln** zurück. Eine Sprachentwicklung, die gemäß neueren Erkenntnissen amerikanischer Sprachwissenschaftler und Sprachforscher vor 50 000 Jahren begann und die sich weiterhin wandeln wird - wie viel Geheimnisvolles, wie viel Spannendes, Hochinteressantes und Verborgenes muss in ihr leben !

Mit dem Schwerpunkt auf der lateinischen Sprache will das Buch etwas mehr Verständnis und Interesse für das Schulfach Latein wecken, nachdem es von Laien vielfach als überflüssig und unnötig kritisiert wird. Hätte die lateinische Sprache nicht existiert, gäbe es das Spanische, Französische, Italienische und Rumänische nicht auf unserer sprachlichen Landkarte. Die direkten gemeinsamen Wurzeln dieser Sprachen liegen im Lateinischen, bzw. im Sprechlatein von vor mehr als 2000 Jahren.

Dass Latein keine tote Sprache ist, beweisen Tausende von Lehn -und Fremdwörtern auch in nicht-romanischen Sprachen (Deutsch, Englisch) sowie die Tatsache, dass man bei der Bildung neuer Fachbegriffe auf das Lateinische zurückgreift. Interessant ist der weitreichende Einfluss des Altlatein sowie des klassischen Latein im Isländischen und in den skandinavischen Sprachen Dänisch, Norwegisch und Schwedisch.

Da dieses Buch keinerlei Anspruch auf Vollständigkeit erhebt, beschränkt es sich auf einige west -und nordgermanische sowie romanische Sprachen, wobei auch das Rumänische ausgeklammert bleibt.

Im 2. Teil des Buches veranschaulichen sprachvergleichende Tabellen die Ähnlichkeiten von Einzelwörtern in zehn verschiedenen europäischen Sprachen. Hier geht es um Nuancen von Buchstaben und Akzenten, die sich für die typische Landessprache im Laufe von Jahrhunderten durch Lautverschiebungen herausgebildet haben. Doch letztlich bleibt der lateinische Ursprung/Einfluss auch ohne guten Willen unverkennbar.

Etwas komplizierter wird das Wiedererkennen indogermanischer Wortwurzeln von vor 4000 Jahren in einzelnen lateinischen Wörtern. Fremdwörter werden im 3. Teil des Buches auf etymologischer Grundlage entschlüsselt. Für unsere langen Wörter „Kommunikation" bzw. „Informationsaustausch" sagten die Indogermanen schlicht „**mu**" (gemeinsame Mitteilung), lat. com**mu**nis: gemeinsam.

Viel Freude beim Vergleichen und Studieren sprachverwandter Wörter, ähnlicher Silben, unterschiedlicher Buchstaben und Akzente.

Petra-Alexa Prantl

14

Der Ursprung unserer Sprachen in Europa

„Einmal entsandt, fliegt das Wort unwiderruflich dahin." (Horaz)

Alle unsere heutigen Sprachen in Europa gehen auf eine gemeinsame Ursprache zurück:

auf das **Indogermanische**, bzw. **Indoeuropäische** (ca. 2500 v. Chr.).

Der Begriff *Indogermanisch* kennzeichnet die südöstlichen und nordwestlichen Eckpfeiler der Familie der Sprachen, „beginnend mit dem Indischen (konkret dem Singhalesischen auf Sri Lanka) als südöstlichste Sprache und dem Germanischen (konkret dem Isländischen) als nordwestlichste Sprache." (vgl. Universität Graz, 2019) Zur großen genetisch definierbaren Sprachfamilie des Indogermanischen gehören auch Deutsch und Englisch (westgermanisch), Latein, Italienisch, Spanisch, Französisch und Rumänisch Isländisch (romanisch) sowie Schwedisch, Dänisch, Norwegisch und (nordgermanisch).

Nach dem Untergang des *Römischen Reiches* (ca. 270 n. Chr.) entwickelten sich aus der vorherrschenden lateinischen Sprache die romanischen Sprachen Italienisch, Spanisch, Französisch und Rumänisch. Zwischen Latein, Griechisch und Sanskrit in Indien wurden im 18. Jahrhundert Ähnlichkeiten entdeckt.

Sprachen, die eine gemeinsame Ursprache haben, nennt man *genetisch verwandt.* Sie sind in einer Sprachfamilie zusammengefasst, die sich „über das Merkmal der gemeinsamen Neuerungen (z.B. in Phonologie, Wortbildung, Morphologie)" definieren. (vgl. Genetische Verwandtschaft, 2019)

Wortähnlichkeiten in verschiedenen Sprachen gibt es aus folgenden Gründen:

1. Zufälligkeit

Nichts mit einer echten Verwandtschaft von Sprachen hat es zu tun, wenn ein Wort durch seinen lautmalerischen Ursprung zu seiner Bedeutung gelangt (z.B. der Vogel „Kuckuck").

Da Kleinkinder überall auf der Welt in ihrer Artikulation zuerst Wörter wie „Mama" entwickeln, ist das physiologischer Natur und hat nichts mit Sprachverwandtschaft zu tun.

2. Entlehnung, Lehnwörter

Ähnliche Wörter, die durch Entlehnung entstanden sind, gehören nicht derselben Abstammung an.

Lehnwörter entstehen, wenn Dinge, die in der eigenen Kultur bisher fremd waren, eine neue Bezeichnung brauchen. Entsprechend wird mit der unbekannten Sache oft der unbekannte Begriff gleichermaßen mitübernommen.

3. Stammverwandtschaft

Schon vor 4000 Jahren waren Wörter aus der Lebenswelt der Indogermanen bekannt. (Familienleben, Haustiere, Pflanzen, Pronomen, Zahlen bis 12). Wenn bei diesen Wörtern eine Ähnlichkeit mit unseren heutigen Sprachen besteht, gehen sie auf eine *gemeinsame Abstammung* zurück.

(vgl. Geschichte der deutschen Sprache, 2019)

Textprobe Indogermanisch

Auszug aus einer indogermanischen Fabel, die sprachwissenschaftlich rekonstruiert wurde

(Autor: August Schleicher, 1868)

<u>Avis akvāsas ka</u>   (Das Schaf und die Pferde)

Avis, jasmin varnā na ā ast,

dadarka akvams, tam,

vāgham garum vaghantam, tam,

bhāram maghām, tam,

manum āku bharantam.

Übersetzung

„Ein Schaf, das keine Wolle mehr hatte, sah Pferde, eines einen schweren Wagen fahrend, eines eine große Last, eines einen Menschen schnell tragend...“

(vgl. Deutsche Sprachgeschichte, 2019)

LATEIN

„Die kurzen Wörter sind die besten und die alten die allerbesten." (Winston Churchill)

Vom *italischen Zweig der indogermanischen Sprachen* abstammend wurde die lateinische Sprache von den Latinern in Latium (Zentrum Rom) gesprochen. Während das *Frühlatein* ins 5. oder 6. vorchristliche Jahrhundert zurückreicht, gibt es ab dem 3. Jahrhundert vor Christus Belege für das *Altlatein*. Das heutige *klassische Latein* entstand als (Schrift-) Sprache im 1. vorchristlichen Jahrhundert, war Amtssprache im Römischen Reich und dominierte als Verkehrssprache den westlichen Mittelmeerraum. Im Gegensatz zum Gelehrten- oder Schriftlatein entwickelte sich im Römischen Reich eine gesprochene Umgangssprache, das Sprech- oder *Vulgärlatein*.

vulgare: jedermann zukommen lassen, veröffentlichen, allgemein verbreiten.

vulgatus: alltäglich, verbreitet, öffentlich, allgemein bekannt.

• Alle romanischen Sprachen gehen auf das Vulgärlatein zurück, das während der Expansion des Römischen Reiches durch die römischen Soldaten verbreitet wurde.

Da Latein bis in die Neuzeit die führende Sprache der Wissenschaft (Medizin), Literatur, Politik und Kirche blieb, hatten auch Luther, Kopernikus, Descartes, Newton u.a. ihre Werke in Latein verfasst. An den Universitäten ganz Europas wurden bis ins 19. Jahrhundert Vorlesungen in lateinischer Sprache gehalten. Dass Latein keine tote Sprache ist, beweisen Tausende von Lehn- und Fremdwörtern auch in *nichtromanischen Sprachen* (Deutsch, Englisch) sowie die Tatsache, dass man bei der Bildung neuer Fachbegriffe auf das Lateinische zurückgreift.

(vgl. Lateinische Sprache, 2019)

Romanische Palatalisierung   (Wandel der Lautverbindungen)

Mittelitalien

der ursprüngliche Lateral vor a, e , o, u   zum palatalen Halbvokal i
wird bei den Lautverbindungen *bl, pl, fl, cl, gl gehoben.*

Beispiel	Lateinisch	Italienisch
Stall	stabulum > stablum	stabbio
voll	plenum	pieno
hell, klar	clarum	chiaro

Iberoromanisch

Palatalisierung von *cl, fl, pl*

Beispiel	Lateinisch	Spanisch	Portugiesisch
rufen	clamare	llamar	chamar
voll	plenum	lleno	cheio

(vgl. Romanische Palatalisierung, 2019)

Beispiele für den Wandel von Lautverbindungen

Phonetik	Spanisch	Französisch	Italienisch
[sa]	sa	ça	sa
[ke]	che	que	que
[ki]	chi	qui	qui
[su]	su	çou	su
[ge]	che	gue	gue

Wortbeispiele für den Wandel

Latein	Deutsch	Spanisch	Italienisch
optio	Option	opción	opzione

(vgl. Romanische Palatalisierung, 2019)

Hintergrund Latein

„Keiner versteht den anderen ganz, weil keiner bei demselben Wort genau dasselbe denkt wie der andere." (Goethe)

Der Einblick in die ursprüngliche Bedeutung unserer heutigen Wörter ist interessant:

Das vielgebrauchte Wort **Industrie** in unserer Welt hat einen simplen lateinischen Ursprung : *industria - der Fleiß.*

Der **Patient** *: patientia - die Geduld,   pati - leiden.*

Das Gegenteil von stationärer Behandlung ist bei uns die **ambulante** Behandlung, bei der man nicht im Krankenhaus bleibt.

ambulare - spazierengehen.

Der ländliche **Traktor** und das **attraktive** Mädchen gehen auf das Wort *(at)trahere : (an)ziehen* zurück. *traho – traxi -* ***tractum.***

Unser allzeit moderner Begriff der **Kommunikation** entstammt dem klassischen lateinischen Wort

communicare *- gemeinsam machen.*

Wie ein **Text** entsteht? Im übertragenen Sinne durch das „Weben" und „Flechten".

*1. texo, texui, **textus**, texere - weben, flechten; textilis - Das Gewebe*

2. texere – zustandebringen, verfertigen, abfassen von Werken, Briefen, Reden.

***textus:** Zusammenhang einer Rede.*

Unser heutiges Wort **Kultur** geht auf das Verb *colere* zurück.

*Colo, colui, **cultum,** colere: (geistig) pflegen, ausbilden, veredeln, wahren, hochhalten, verehren.*

***cultus**: geistige Erziehung.*

Italienisch

Die ersten schriftlichen Dokumente der italienischen Sprache finden sich im 8. und 9. Jahrhundert in Verona *(Indovellino veronese).*

Alle noch heute in Italien gesprochenen Dialekte entwickelten sich aus dem *Sprech-/Vulgärlatein.* Es war wichtig, politische Beschlüsse in einer allgemein verständlichen Form zu verfassen. So existierten über viele Jahrhunderte das Lateinische und die italienischen Volkssprachen nebeneinander.

Eine eigenständige italienische Literatur begann sich im 13. Jahrhundert von Sizilien ausgehend zu bilden (Scuola siciliana). Zur Überwindung der sprachlichen Differenzen zwischen zahllosen Dialekten schufen Schriftsteller aus jener Zeit eine überregionale Normierung für die italienische Sprache. Erst nachdem auch eine nationale Einigung erfolgt war, setzte sich der florentinische Dialekt im 19. Jahrhundert als italienische Einheitssprache durch.

Interessant ist, dass das heutige Hochitalienisch eine reine Schriftsprache ist und nur in formellen Situationen verwendet wird. Im allgemeinen Sprachgebrauch dagegen werden in Italien vorwiegend Dialekte gesprochen, die man in die nördlichen, mittleren/toskanischen und südlichen einteilt. Die Sprachwissenschaft bezeichnet diese Situation als *Diglossie.*

(vgl. Italienische Sprache, 2019)

Spanisch

Nachdem Karthago in den Punischen Kriegen (264 – 146 v. Chr.) besiegt worden war, begannen die Römer schrittweise ihre Macht über die iberische Halbinsel auszubreiten.

Dadurch wurde Latein zur Amtssprache. „Im Hinblick auf phonetische, syntaktische, morphologische und lexikalische Strukturen" (vgl. Spanische Sprache, 2019) unterschied sich jedoch von dieser Schrift- und Hochsprache das regionale Volkslatein. Der lateinische Dialekt war im Mittelalter die Volkssprache, woraus sich *Castellano, bzw. Español* entwickelten. Beide Bezeichnungen für das Spanische sind auch in Latein – und Zentralamerika gebräuchlich. 2017 wurde Spanisch von ca. 440 Mio. Menschen als Muttersprache gesprochen. Damit ist es nach Englisch die am zweitweitesten verbreitete Weltsprache und nach Chinesisch die zweitweitest verbreitete Muttersprache.

(vgl. Spanische Sprache, 2019)

Französisch

Die französische Sprache hat eine lange widersprüchliche Entwicklung erlebt und wurde 1539 offiziell anerkannt. Vor über 2000 Jahren wurden die Gebiete südlich des Rheins zu römischen Provinzen *(Gallische Kriege 58 – 51 v. Chr.)*. Als sich die Beziehungen zwischen Galliern und Römern durch den Handel verbesserten, bestanden 5 Jahrhunderte lang die gallische Sprache und das Vulgärlatein nebeneinander. Das Gallische entstammte dem *Keltischen* und wurde schließlich vom Vulgärlatein verdrängt.

Germanische Stämme, die Franken, hatten sich im 4. Jahrhundert n. Chr. im nordöstlichen Gallien niedergelassen. Auf der germanischen Grundlage veränderte sich die Aussprache und die Intonation des Galloromanischen. Der Name „**Frankreich**" geht auf die **Franken** zurück. Im 10. Jahrhundert bestand die galloromanische Sprache aus Hunderten von verschiedenen Formen und Dialekten. Aus langen Zeiten des Alt- und Mittelfranzösischen sowie der Re-Latinisierung entwickelte sich schließlich aus der Region der *Île de France das* heutige Französisch.

(vgl. Die Geschichte der französischen Sprache, 2019)

Deutsch

Man vermutet, dass die germanische Ursprache im 1. Jahrtausend v. Chr. entstanden ist. Die Urgeschichte der deutschen Sprache geht auf die Wurzeln der germanischen Sprachgruppe und auf das Indogermanische zurück.

Erste Lautverschiebung: spätes 1. Jahrtausend vor Christus

Zweite Lautverschiebung: ab 6. Jahrhundert nach Christus

Unter dem Begriff *„Lautverschiebung"* versteht man den systematischen Lautwandel während des Entwicklungsprozesses einer Sprache.

Die Entwicklungsphasen der deutschen Sprache erstreckten sich über lange Zeiträume:

- Althochdeutsch ca. 600 - 1050
- Mittelhochdeutsch ca. 1050 - 1350
- Frühneuhochdeutsch ca. 1350 - 1650
- Neuhochdeutsch ca. 1650 bis heute

Lateinische Einflüsse auf germanische Sprachen

Durch die Kontakte zwischen Germanen und Römern zur Zeit des römischen Imperiums drangen zahlreiche lateinische Wörter aus den Bereichen Religion, Handelsverkehr, Handelswaren, Bauwesen, Gartenbau, Weinbau, Küche in die germanischen Sprachen ein.

Die Herkunft des Wortes „deutsch"

Aus germanischer Herkunft wird das Wort _„diot"_ zum ersten Mal im Althochdeutschen verwendet und bedeutet **Volk** und _„diutisc"_ **volksmäßig**. Zur Unterscheidung germanischer und romanischer Einwohner des Frankenreiches wurde in lateinischen Quellen das Wort _„theodiscus"_ gebraucht.

Die deutsche Sprache vom 19. bis 20./21. Jahrhundert

19.Jahrhundert: Es entwickelten sich im Zeitalter der Industriellen Revolution neue gesellschaftliche Prozesse die sich auch auf die Sprache auswirkten. Neue Wörter entstanden durch Fortschritte in Wissenschaft und Technik: elektrisch, Elektrizität, Waschmaschine, Nähmaschine, Eisenbahn, Lokomotive, Telegramm.

20./21.Jahrhundert: Im 20. Jahrhundert stand das Deutsche unter dem Einfluss des Nationalsozialismus und des kommunistischen Sozialismus. Auch hier gab es Neuerungen im Vokabular: Radio, Stereoanlage, Raumschiff, Minirock, Bikini, Job, Team, Comeback.

Reform der deutschen Rechtschreibung am 1. August 1998.

(vgl. Deutsche Sprachgeschichte, 2019)

Englisch

Die englische Sprache gehört zum *westgermanischen* Zweig der indogermanischen Sprachen. Nach der *Ersten Lautverschiebung* aus der westgermanischen Gruppe ist die englische Sprache zusammen mit den friesischen Sprachen und Scots entstanden. Als die germanischen Volksstämme *(Jüten, Angeln, Sachsen)* im 5. Jahrhundert England eroberten, begann auch die sprachgeschichtliche Entwicklung.

Sie gliedert sich in 4 Phasen:

Altenglisch oder Angelsächsisch	*ca. 450 - ca. 1100*
Mittelenglisch	*ca. 1100 - ca. 1500*
Frühneuenglisch	*ca. 1500 - ca. 1700*
Neuenglisch	*ca. 1700 - heute*

Die weltweite Ausdehnung der englischen Sprache (Indien, Ozeanien, Afrika, Südostasien) liegt in der *Kolonisation* und dem *British Empire* begründet. In den USA entstand nach der Besiedlung Amerikas eine eigene sich vom britischen Englisch bewusst abgrenzende englische Sprache. Obwohl seit Mitte des 20. Jahrhunderts Englisch zur *Weltsprache* wurde, nahm es auch Wörter aus über 50 Sprachen in den eigenen Wortschatz auf.

Beispiele:

Deutsch	kindergarten, zeitgeist, rucksack, angst
Italienisch	volcano, violin
Spanisch	alligator, sombrero
Schweizerdeutsch	putsch, muesli
Russisch	samovar, troika
Arabisch	magazine, coffee
Persisch	naphtha, chess
Hindi	guru, chutney
Japanisch	sake, soy
Chinesisch	ginseng, sampan
Australische Sprachen	kangaroo, boomerang

Durch die Globalisierung teilte sich die englische Sprache in viele Varianten, Anglizismen ließen neue Begriffe entstehen, in der Informatik und Wirtschaft setzte sich Englisch als Fachsprache durch. Ca. 330 Millionen Menschen sprechen Englisch als Muttersprache.

Der Einfluss des Lateinischen auf das Englische

Als römische Provinz (43-440 n. Chr.) wurde der Alltag in England vom Lateinischen beeinflusst. Im Mittelalter *(Christianisierung)* lebte die lateinische Sprache viele Jahrhunderte als Hauptkommunikationsmittel für das Mündliche und Schriftliche. An den Universitäten prägte Latein die Entfaltung der Wissenschaften. Innerhalb von Wissenschaft und Literatur gelangte Latein in der Renaissance zu neuer Blüte.

(vgl. Englische Sprache, 2019)

Dänisch

Innerhalb der germanischen Sprachen bildet das Dänische zusammen mit Schwedisch den *ostgermanischen Zweig* und gehört zur Gruppe der skandinavischen Sprachen.

Dänisch, Norwegisch und Schwedisch sind eine skandinavische Sprachgemeinschaft: Linguistisch gesehen könnten Dänisch, Norwegisch und Schwedisch als Dialekte derselben Sprache betrachtet werden, jedoch bestehen aus politischen und kulturellen Gründen drei eigenständige Sprachen nebeneinander.

Im Mittelalter hatte das Dänische starken Einfluss auf das *Altenglische* und somit auf unsere heutige englische Sprache.

Danismen im Englischen

altdänisch:	take	englisch:	take
dänisch:	kaste	englisch:	cast
dänisch:	sky	englisch:	sky

Einfluss des Deutschen

Gegen Ende des Mittelalters und zu Beginn der Neuzeit wurde die dänische Sprache (aufgrund der geographischen Nähe und des Handels) stark vom Deutschen, speziell vom *Niederdeutschen* beeinflusst. 25 % des dänischen Wortschatzes besteht aus niederdeutschen Lehnwörtern und Lehnübersetzungen.

Die Wikinger

Wikinger oder Normannen bewohnten Skandinavien vom 8. - 11. Jahrhundert. Sie landeten teils als Seeräuber und Kaufleute, teils als Siedler und Eroberer an den Küsten von Europa.

Zur Entstehung und zum Bedeutungswandel des Wortes:

Altnordisch *vik = Küste;* bzw. im weitesten Sinne jemand, der zur Küste kommt oder sich zur Küste begibt.

Oder auch: *víkingr = Mitglied einer Gefolgschaft.*

Das heutige Wort Reykja*vik* enthält ebenso das Wort *vik* (isländisch: Bucht).

• Interessantes aus der gemeinsamen *Ursprache indogermanisch*: hier bedeutet *vik = kämpfen, schlagen.*

(vgl. Dänische Sprache, 2019)

Norwegisch

Das *Altnorwegische,* dem nordgermanischen Zweig der indogermanischen Sprachen angehörend, bildet den Ursprung der norwegischen Sprache. Da sich in Norwegen aufgrund seiner Unwegsamkeit und schlechten Infrastruktur keine einheitliche Standardsprache entwickeln konnte, entstanden zahlreiche Dialekte. Man erwog eine eigenständige Sprache auf Grundlage der alten Dialekte zu schaffen, als sich Norwegen 1814 von Dänemark trennte.

Der Dichter und Sprachwissenschaftler *Ivar Aasen* entwickelte für die Dialekt sprechende Bevölkerung eine Schriftsprache, das *Landsmål* (später *Nynorsk)*. Im 20.Jahrhundert wurde *Nynorsk* an die ebenfalls anerkannte Schriftsprache *Bokmål* angenähert. (vgl. Norwegische Sprache, 2019)

Schwedisch

Als indogermanische Sprache gehört Schwedisch dem *ostnordischen Zweig* der nordgermanischen Sprachgruppe an. Schwedisch, Dänisch und Norwegisch (Bokmål, Nynorsk) können aus linguistischer Perspektive als *Dialektkontinuum* beschrieben werden.

Das Mittelniederdeutsche der *Hanse* hatte während des Mittelalters großen Einfluss auf das Schwedische. Durch den Handel mit Ländern im deutschsprachigen Raum und durch den dreißigjährigen Krieg unterlag Schwedisch in der Neuzeit den Einflüssen des Hochdeutschen. Das schwedische Vokabular wurde durch die Dominanz der deutschen Sprache in den Wissenschaften geprägt. Mit der Reformation und der Buchdruckerkunst beginnt die Geschichte der modernen schwedischen Sprache.

(vgl. Schwedische Sprache, 2019)

Isländisch

Die isländische Sprache entwickelte sich aus dem *nordgermanischen* Zweig des Indogermanischen. Im Hoch- und Spätmittelalter war das *Altisländische* Sprech- und Schriftsprache, aus dem das heutige Isländisch entstanden ist. Zwischen dem Isländischen, dem *Faröischen* und den südwestnorwegischen Dialekten besteht große Ähnlichkeit, da die Siedler Islands von der norwegischen Südwestküste kamen. Im Bereich der Formenlehre hat sich die isländische Sprache aufgrund der isolierten Insellage in den letzten tausend Jahren kaum verändert. Während die Grammatik erhalten blieb, änderte sich neben dem Lautsystem vor allem der Vokalismus erheblich.

Der *Reykjaholtsmáldagi* ist das älteste in der isländischen Sprache erhaltene Dokument. Schon vor der Niederschrift der *Edda* gab es in Island und anderen Teilen der nordischen Welt (ca. ab dem 12. Jahrhundert) eine besondere Dichtersprache. Die Dichter, die mit dieser Sprache arbeiteten, hießen *Skalden*. In poetischen Umschreibungen spielten sie auf Figuren und Taten der (nord-)germanischen Heldensagen und der (nord-)germanischen Mythologie an. Mit der Christianisierung des Landes hielt seit dem 11. Jahrhundert das *lateinische* Schriftsystem Einzug. Das erlaubte den Geistlichen alte germanische Volkssagen und Lieder in der Landessprache niederzuschreiben.

Ende des 12. Jahrhunderts wurde in Island die erste *Lateinschule in Skáholt* gegründet. Seit über 400 Jahren besteht in Island die *Sprachreinheitsbewegung*.

(vgl. Isländische Sprache, 2019)

Isländischer Sprachpurismus

„Der Geist einer Sprache offenbart sich am deutlichsten in ihren unübersetzten Worten." (Ebner-Eschenbach)

Seit über 400 Jahren gibt es in Island die *Sprachreinheitsbewegung,* die heute aus drei Säulen besteht:

- Sprachschutz bzw. -verteidigung   *(málvernd)*
- Sprachpflege   *(málrækt)*
- Sprachreinigung   *(málhreinsun)*

Die weit vom europäischen Festland entfernte Lage der isländischen Insel begünstigt den Erfolg der Sprachreinheitsbewegung. Als „wesentlicher Kulturträger" ist die isländische Sprache "Symbol nationaler Identität" und verteidigt sich gegen das Eindringen fremdsprachlicher Wörter in die eigene Sprache. (vgl. Isländischer Sprachpurismus, 2019)

Nachfolgend sind aus dem Lateinischen entstandene Fremdwörter aufgelistet, die in sehr vielen Sprachen als selbstverständlich verwendet werden. Selbst wenn das Dänische, Norwegische und Schwedische (nordgermanisch) bei einem lateinischen Fremdwort Übereinstimmung aufweist, hat das Isländische aus dem Material der eigenen Sprache ein neues Wort entwickelt.

So wird z.B. der Begriff „Vulkan" (lat. Vulcanus: Gott der Feuerflammen) durch den „Feuerberg" ersetzt.

Auffällig ist die präzise Einfachheit und Klarheit, mit denen manche abstrakten Begriffe auf den Punkt gebracht werden. Aus den lateinischen Wörtern „Religion" und „Existenz" werden „trú" / Vertrauen, Glaube und „líf" / das Leben.

Auch bei anderen Beispielen trifft man im Isländischen auf Abweichungen vom Dänischen, Norwegischen und Schwedischen, obwohl man den gemeinsamen nordgermanischen Sprachzweig voraussetzen kann.

Für „Computer" sagt der Isländer zwar „Rechenhexe" = tölva, aus einer Mischung von tala/Zahl und völva/Hexe, verwendet jedoch das Wort „gúgla" für googeln.

Sollte sich im 21. Jahrhundert doch ein fremdes Wort eingeschlichen haben?

Beispiele für den isländischen Sprachpurismus

Fremdwort	Wörtliche Übersetzung	Neues Wort
Vulkan	**eldfjall,** eld: Feuer, fjall: Berg	Feuerberg
Advokat	**lögmaður,** lög: Gesetz, maður: Mann	Gesetzesmann
Polizei	**lögregla,** lög: Gesetz, regla: Ordnung	Gesetzesordnung
Rezept	**lyfseðill,** lyf: Arznei, seðill: Zettel	Arzneizettel
Aquarium	**fisksafn,** fiskur: Fisch, safn: Museum	Fischmuseum
Existenz	**lífsbrauð,** líf: Leben, brauð: Brot	Brot um zu leben
Musik	**tónlist,** tón: Ton, list: Kunst	Tonkunst
Ambulanz	**sjúkrabíll,** sjúkra: krank, bíll: Auto	Krankenwagen
Theater	**leikhús,** leik: Spiel, hús: Haus	Spielhaus
Infarkt	**hjartaáfall,** hjart: Herz, áfall: Schaden	Herzschaden
Talent	**gáfa:** Gabe	Gabe

Textproben alter Sprachen

Textprobe althochdeutsch

Merseburger Zaubersprüche

<u>Fragment in althochdeutscher Sprache</u>   <u>Moderne Übersetzung</u>

(kursiv = Ähnlichkeiten)

Eiris *sazan* idisi	Einst *saßen* Frauen,
sazun hera duoder.	*setzten* sich hierhin (und) dorthin.
Suma hapt heptidun,	*einige* banden Fesseln
suma heri lezidun,	*einige* hielten das *Heer* auf,
suma clubodun	*einige* lösten ringsumher
umbi cuoniouuidi:	die Todesfesseln:
insprinc hapt*bandun*,	*entspringe* dem Fessel*band,*
inuar uigandun	entflieh den Feinden.

(suma: vgl. engl.: some = einige)

(vgl. Deutsche Sprachgeschichte, 2019)

Textprobe Indogermanisch

Auszug aus einer indogermanischen Fabel, die sprachwissenschaftlich rekonstruiert wurde

(Autor: August Schleicher, 1868)

<u>Avis akvāsas ka</u>   (Das Schaf und die Pferde)

Avis, jasmin varnā na ā ast,

dadarka akvams, tam,

vāgham garum vaghantam, tam,

bhāram maghām, tam,

manum āku bharantam.

Übersetzung:

„Ein Schaf, das keine Wolle mehr hatte, sah Pferde, eines einen schweren Wagen fahrend, eines eine große Last, eines einen Menschen schnell tragend...“

(vgl. Deutsche Sprachgeschichte, 2019)

Texprobe gotisch (Wulfila – Bibel)

Die älteste noch erhaltene Textsammlung in gotischer Sprache stellt die Wulfila-Bibel (ca.311-383 p. Chr.) dar.

Verfolgt man den Stammbaum der ost- und nordgermanischen Sprachen, erstaunt es nicht, wie viele Ähnlichkeiten es zwischen dem *Gotischen* und *Isländischen* gibt.

Das „Vater unser" in gotischer Sprache_	Neuisländisch
Atta unsar þu in himinam,	Þú, í, himin
weihnai namo þein,	Þin
quimai þiudinassus Þeins,	þjód
wairþai wilja Þeins,	vilji
swe in himina jah ana airþai.	
Hlaif unsarana Þana sinteinan	synd
gib uns himma daga,	
jah aflet uns skulans sijaima,	skuld
swaswe jah weis afletam þaim	
skulam unsaraim,	
jah ni briggais uns in fraistubnjai,	freistni
ak lausei uns af Þamma ubilin;	og, af, leysi
unte þeina ist Þiudangardi	þjóðgarður
jah mahts jah wulþus in aiwins.	ævinlegur
Amen.	

(vgl. Deutsche Sprachgeschichte, 2019)

Sprachliche Ähnlichkeiten

Gotisch	Lateinisch	Isländisch	Deutsch
skula	culpa	skuld	Schuld
vilji	velle	vilji	Wille
daga	dies	dagur	Tag

Krimgotisch (16.Jh.) — Deutsch

Krimgotisch (16.Jh.)	Deutsch
broe	Brot
tag	Tag
hus	Haus
handa	Hände
brunna	Brunnen
salt	Salz
schlipen	schlafen
singhen	singen
sunne	Sonne

(vgl. Deutsche Sprachgeschichte, 2019)

Sprachverarbeitung im Gehirn

Ende des 19. Jahrhunderts wurden von *Broca* und *Wernicke* Sprachzentren im Gehirn gefunden, die verantwortlich für die Sprachverarbeitung sind. Das sogenannte *Wernicke-Lichtheim-Schema* beschreibt im Gehirn „zwei lokalisierbare Sprachzentren, das Broca-Zentrum (anterior) und das Wernicke-Zentrum (posterior). In einem verteilten neuronalen Netzwerk" sind „Konzepte hinter den Wörtern, Bedeutungen, bzw. Ideen repräsentiert."

Das Wernicke-Lichtheim-Schema
(Quelle: Sprache und Gehirn)

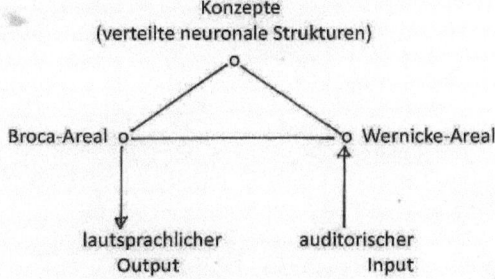

Das Schema veranschaulicht „die Verbindungen zwischen den Sprachzentren, sowie zwischen den Zentren und dem Konzepte-Netzwerk" (vgl. Sprache und Gehirn, 2019). Beim Erlernen einer neuen Sprache müssen unbekannte Wörter automatisiert und grammatikalisch richtig angeordnet werden. Das Neuerlernte muss mit den vorhandenen Sprachkenntnissen verknüpft werden. Wie eine Studie zeigte, wurden von den Probanden für neu zu erlernende grammatikalische Strukturen dieselben Hirnregionen benutzt wie für die Muttersprache. Bestehen jedoch Unterschiede zur Muttersprache, muss im Gehirn ein neues Verzeichnis angelegt werden.

(vgl. Sprache und Gehirn/Lokalisation der Sprache im Gehirn, Universität Stuttgart, 2019)

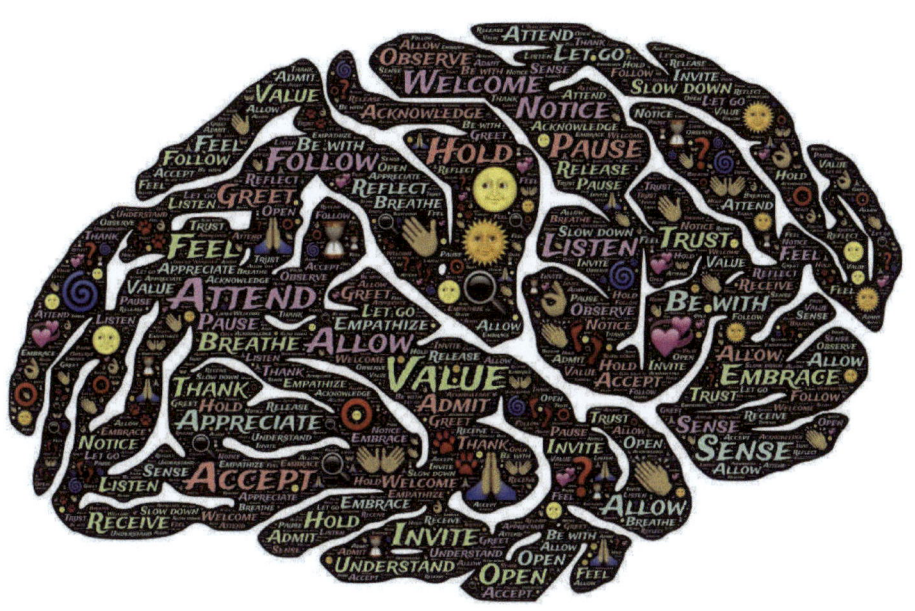

Teil II

Latein ohne Limit
Lateinische Einflüsse in europäischen Sprachen

Wörter im Vergleich

Deutsch (westgermanisch), Lateinisch (italisch), Spanisch, Italienisch, Französisch (romanisch),

Englisch (westgermanisch), Dänisch, Isländisch, Norwegisch, Schwedisch (nordgermanisch).

Hinweis

Um vom Deutschen und Lateinischen ausgehend die Ähnlichkeiten der Wörter vergleichen zu können, sind nachfolgende Tabellen von links nach rechts **über beide Buchseiten hinweg** zu lesen.

DEUTSCH	LATEIN
acht	octo
Aktion, Aktivität, Akt,	agere: tun, machen
aktiv, aktivieren	ago – egi - actum
Ambulanz	ambulare: spazierengehen
April	Aprilis

ENGLISCH	DÄNISCH
eight	otte
action, activity, act	handling, aktivitet
active, to act	aktiv
ambulance	ambulance
April	april

SPANISCH	ITALIENISCH	FRANZÖSISCH
ocho	otto	huit
acción, actividad	attività, action	activité
ambulancia	ambulanza	ambulance
abril	aprile	avril

ISLÄNDISCH	NORWEGISCH	SCHWEDISCH
átta	åtte	åtta
aðgerð	aksjon, aktivitet	aktion, aktivitet
sjúkrabíll	ambulanse	ambulans
apríl	april	april

DEUTSCH	LATEIN
Architekt	tectum: Dach
Aroma	aroma
Attraktion, attraktiv	attrahere: anziehen
Traktor	traho – traxi – *tractum*
Auge	oculus
Auktion	augere: vermehren

ENGLISCH	DÄNISCH
architect	arkitekt
aroma	aroma
attraction, attractive	attraktion, lækker
to attract, *tractor*	tiltrække, *traktor*
eye	øje
auction, to augment	øge

SPANISCH	ITALIENISCH	FRANZÖSISCH
arquitecto	architetto, tetto: Dach	architecte
aroma	aroma	arôme
atracción, atractivo	attrazione, attrativo	attraction, attractif
atraer, tractor	attirare, trattore	attirer, tracteur
ojo	occhio	œil
aumentar	aumentare	augmenter

ISLÄNDISCH	NORWEGISCH	SCHWEDISCH
arkitekt	arkitekt	arkitekt
angan	aroma	arom
aðdráttarafl	attraksjon, tiltrekke	attraktion, attraktiv
traktor	traktor	attrahera (s.Latein)
auga	øye	öga
auka	øke	öka på

DEUTSCH	LATEIN
bedecken	tegere: tego, tegi, tectum
Berg	mons
bilden, formen	formare: formen, bilden,
formal, formell, Formation,	informieren, darstellen
Information, Reformation	formatio : Bildung, Gestaltung
braun	brunneus
Burg	burgus, castellum

ENGLISCH	DÄNISCH
protect	at dække, dæk
mountain, berg (iceberg)	bjerg
to form, to inform, to reform,	form
to conform, formally, form,	formel, formene, formal
information, reformation	formål
brown	brun
castle	borg

SPANISCH	ITALIENISCH	FRANZÖSISCH
proteger	protezione, protettivo	protéger
montaña, monte	monte	mont
formar	formare	former
forma, formal	forma, informare	forme, formel
información	informazione	information, informatif
informática	informatica	informatique
marrón	marrone	brun
castillo	castello	château

ISLÄNDISCH	NORWEGISCH	SCHWEDISCH
að dekka, dúkur	å dekke	att täcka
berg, fjall	berg, fjell	berg, fjäll
að móta, form,	å forme	att forma
formlegur	formål, formell	utformning, formell
tölvufræði	informatikk	informatik
brúnn	brun	brun
kastali, borg	borg	borg

DEUTSCH	*LATEIN*
Chor	chorus
christlich	christianus
Creme	cremeus: cremefarben

ENGLISCH	DÄNISCH
choir, chorus	kor
Christian	kristelig
cream	salve

SPANISCH	ITALIENISCH	FRANZÖSISCH
coro	coro	chœur, chorale
cristiano	cristiano	chrétien
crema	crema	crème

ISLÄNDISCH	NORWEGISCH	SCHWEDISCH
kór	kor	kör
kristilegur	kristen	kristen
krem	salve	salva

DEUTSCH	LATEIN
dein	teum
Doktor	Doctor (doctus = gelehrt)
Donnerstag	dies Iovis
drei	tres
du	tu
Dutzend	duodecim, duo=2, decim=10

ENGLISCH	DÄNISCH
your	din
Doctor	doktor
Thursday	torsdag
three	tre
you	du
dozen	dusin

SPANISCH	ITALIENISCH	FRANZÖSISCH
tu	il tuo	ton
doctor	dottore	docteur
jueves	giovedì	jeudi
tres	tre	trois
tu	tu	tu
docena	dozzina	douzaine

ISLÄNDISCH	NORWEGISCH	SCHWEDISCH
Þinn	din	din
doktor	doktor	doktor
fimmtudagur	torsdag	torsdag
Þrir	tre	tre
Þú	du	du
tylft	dusin	dussin

DEUTSCH

LATEIN

eins	unus
einzeln, Single, Singular	singularis
elf	undecim
Engel	angelus
Erziehung	educatio, educare: erziehen
Existenz	exsistere: vorhanden sein

ENGLISCH

DÄNISCH

one	en
single	enkelt
eleven	elleve
angle	engel
education, to educate	opdragelse
existence, to exist	eksistens

SPANISCH	ITALIENISCH	FRANZÖSISCH
uno	uno	un
singular	singolo	seul
once	undici	onze
ángel	angelo	ange
educación	educazione	éducation
existencia	esistenza	existence

ISLÄNDISCH	NORWEGISCH	SCHWEDISCH
einn	en	ett
stakur	enkelt	enkelt
ellefu	elleve	elva
engill	engel	ängel
uppeldi	oppdragelse	uppfostran
tilvera	eksistens	existens

DEUTSCH	*LATEIN*
Farbe	color
Februar	Februarius
Fenster	fenestra
Ferien	feriae, vacatio
Fest	festum

ENGLISCH	**DÄNISCH**
colour	farve
February	februar
window	vindue
holidays	ferie
festival, feast	fest

SPANISCH	ITALIENISCH	FRANZÖSISCH
color	colore	couleur
febrero	febbraio	février
ventana	finestra	fenêtre
vaccacione	ferie, vacanze	vacances
fiesta	festa, festività	fête

ISLÄNDISCH	NORWEGISCH	SCHWEDISCH
litur	farge	kulör
febrúar	februar	februari
vindauga	vindu	fönster
frí	ferie	lov
veisla	fest	fest

DEUTSCH	*LATEIN*
Fieber	febris
fließen	fluere, flutare
Fluss, Flut	fluvium
Freitag	dies veneris
fünf	quinque

ENGLISCH	DÄNISCH
fiever	feber
to flow	at flyde
flood	flod
Friday	fredag
five	fem

SPANISCH	ITALIENISCH	FRANZÖSISCH
fiebre	febbre	fièvre
fluir	scorrere, fluttuante	couler
fluvial-	flusso, fluviale	fleuve, fluvial
viernes	venerdì	vendredi
cinco	cinque	cinq

ISLÄNDISCH	NORWEGISCH	SCHWEDISCH
hiti	feber	feber
að flóa	å flyte	att flyta
flóð, fljót	flo, flod	flod, flöde
föstudagur	fredag	fredag
fimm	fem	fem

DEUTSCH	LATEIN
Geduld (Patient)	patientia
gemeinsam, Kommune, kommunal	communis: gemeinsam communicare: gemeinsam machen
Genie	ingenium: Begabung
Grad	gradus: Schritt, Stufe
Granulat, Korn	granum: Korn, Kern
grau	griseus

ENGLISCH	DÄNISCH
patience	tålmod
common	fælles
genius	geni
grade, graduated	grad
granule, grain	korn
grey	grå

SPANISCH	ITALIENISCH	FRANZÖSISCH
paciencia	pazienza	patience
común, comunidad	comune	commun, communauté
genio	genio	génie
grado	grado	grade (universitaire)
grano, granulado	grano, granulato	graine, granulé
gris	grigio	gris

ISLÄNDISCH	NORWEGISCH	SCHWEDISCH
biðlund	tålmodighet	tålamod
saman	sammen	gemensam
snillingur	geni	geni
gráða	grad	grad
korn	korn	korn
grár	grå	grå

DEUTSCH	*LATEIN*
haben, Habe, Habitus	habere: haben
Hemd	camisia
hier	hic
Hospital	hospitari: zu Gast sein
Humor	humor: Flüssigkeit

ENGLISCH	DÄNISCH
to have	at have
chemise, shirt	skjorte
here	her
hospital	hospital
humor	humor

SPANISCH	ITALIENISCH	FRANZÖSISCH
haber	avere	avoir
camisa	camicia	chemise
aquí	qui	ici
hospital	ospedale	hôpital
humor	umorismo	humour

ISLÄNDISCH	NORWEGISCH	SCHWEDISCH
hafa	ha	ha
skyrta	skjorte	skjorta
hér	her	här
spítali	hospital	hospital
húmor	humor	humor, humör

DEUTSCH	*LATEIN*
ich, Egoist	ego
Idee	idea
in	in
Industrie	industria: Fleiß, Betriebsamkeit
Infarkt	infarcire: hineinstopfen, vollfüllen
Ingenieur	ingenium: Begabung

ENGLISCH	DÄNISCH
I	jeg
idea	idé
in	i
industry	industri
infarct	infarkt
engineer, engine	ingeniør

SPANISCH	ITALIENISCH	FRANZÖSISCH
yo	io	je
idea	idea	idée
en	in	en
industria	industria	industrie
infarto	infarto	infarctus
ingeniero	ingegnere	ingénieur

ISLÄNDISCH	NORWEGISCH	SCHWEDISCH
ég	jag	jeg
hugmynd	idé	idé
í	i	i
iðnaður	industri	industri
hjartaáfall	infarkt	infarkt
verkfræðingur	ingeniør	ingenjör

DEUTSCH	LATEIN
ja	ita est, sic est
Jahr	annus
Januar	Ianuarius
Juli	Iulius
Juni	Iunius

ENGLISCH	DÄNISCH
yes	ja
year	år
January	januar
July	juli
June	juni

SPANISCH	ITALIENISCH	FRANZÖSISCH
sí	sì	oui
año	anno	année
enero	gennaio	janvier
julio	luglio	juillet
junio	giugno	juin

ISLÄNDISCH	NORWEGISCH	SCHWEDISCH
já	ja	ja
ár	år	år
janúar	januar	januari
júli	juli	juli
júni	juni	juni

DEUTSCH   *LATEIN*

Kanzler	cancellarius
Kapelle	capella
Keller, (Zelle)	cella
Kohl	caulis
Kolonie	colonia, colere: pflegen,bebauen
Körper	corpus

ENGLISCH   **DÄNISCH**

chancellor	kansler
chapel	kapel
cellar	kælder
cauli, cabbage	kål
colony	koloni
corpus	krop

SPANISCH	ITALIENISCH	FRANZÖSISCH
canciller	cancelliere	chancelier
capilla	cappella	chapelle
bodega	scantinato	cave
chucrut	cavolo	chou
colonia	colonia	colonie
cuerpo	corpo	corps

ISLÄNDISCH	NORWEGISCH	SCHWEDISCH
kanslari	kansler	kansler
kapella	kapell	kapell
kjallari	kjeller	källare
kál	kål	kål
nýlenda	koloni	koloni
kroppur	kropp	kropp

DEUTSCH	LATEIN
Kraut	herba
Kreuz	crux
Krise	crisis
Kultur	cultus : geistige Erziehung
Küche (kulinarisch)	culina
Kümmel	cuminum

ENGLISCH	DÄNISCH
herb, kraut	urt
cross	kryds, kors
crisis	krise
culture	kultur
kitchen	køkken
Persian cumin	kommen

SPANISCH	ITALIENISCH	FRANZÖSISCH
hierba	erba	herbe
cruz	croce	croix
crisis	crisi	crise
cultura	cultura	culture
cocina	cucina	cuisine
comino	cumino	cumin

ISLÄNDISCH	NORWEGISCH	SCHWEDISCH
kryddjurt	urt	ört
kross	kryss	kors
krísa	krise	kris
kúltúr, menning	kultur	kultur
eldhús (Feuerhaus)	kjøkken	kök
kúmen	karve	kummin

DEUTSCH	*LATEIN*
Landwirtschaft, Agrar-	agricultura, ager, agricola
lang	longus, longitudino
lesen	legere, lectum
Lilie	lilium

ENGLISCH	DÄNISCH
agriculture, agrarian, agricultural	landbrug
long	lang
read	at læse, lekture
lily	lilje

SPANISCH	ITALIENISCH	FRANZÖSISCH
agricultura, agrícola	agricoltura, agricole, agrario	agriculture, agricole
largo, longitud	lungo, allungare, lunghezza	long, longitude
leer, lectura	leggere, lettura	lire, lecture
lirio	giglio	lis, lilas

ISLÄNDISCH	NORWEGISCH	SCHWEDISCH
Landbúnaður	landbruk	lantbruk
langur, lengja	lang	lång
að lesa, lesning	å lese	att läsa, läsning
lilja	lilje	lilja

DEUTSCH	LATEIN
Mai	Maius
März	Martius
Markt, Handel	mercator
Mauer	murus
Materie	materia

ENGLISCH	DÄNISCH
May	maj
March	marts
market	marked
mural-	mur
material	materiale

SPANISCH	ITALIENISCH	FRANZÖSISCH
mayo	maggio	mai
marzo	marzo	mars
mercado	mercato	marché
muro	muro, murale	mur, muraille
material	materiale	matériau

ISLÄNDISCH	NORWEGISCH	SCHWEDISCH
maí	mai	maj
mars	mars	mars
markaður	marked	marknad
múr	mur	mur
efni	materiale	material

DEUTSCH	LATEIN
Meer (Marine)	mare, marinus, maritimus
mein	meus
milli-, Million, Millionär	mille
mischen, mixen	miscere, misceo, miscui, *mixtum*
Mitte	medius, medietas

ENGLISCH	DÄNISCH
sea, mere	sø
my	min
milli-	millionær, milliardær
to mix	at blande
middle, midst	midte

SPANISCH	ITALIENISCH	FRANZÖSISCH
mar	mare	mer, marin
mi	il mio	mon
mil, millionario	mille, milionario	milli-, millionnaire
mezclar	mischiare, mescolare	mêler, mélanger
medio	mezzo, metà	mitan

ISLÄNDISCH	NORWEGISCH	SCHWEDISCH
sjór	sjø	sjö
minn	min	min
milljón	million, millionær	miljon, miljonä
að blanda	å blande	att blanda
miðja	midt, midte	mitt, mittpunkt

DEUTSCH	LATEIN
Monat	mens
Mühle	molendinum
Musik	musica
Mutter	mater

ENGLISCH	DÄNISCH
month	måned
mill	mølle
music	musik
mother	moder

SPANISCH	ITALIENISCH	FRANZÖSISCH
mes	mese	mois
molino	mulino	moulin
música	musica	musique
madre	madre	mère

ISLÄNDISCH	NORWEGISCH	SCHWEDISCH
mánuður	måned	månad
mylla	kvern	kvarn
tónlist: Tonkunst	musikk	musik
móðir	moder	moder

DEUTSCH	LATEIN
Nacht	nox
Name	nomen
Nase	nasus
Nation	natio: Volk
Nerv	nervus

ENGLISCH	DÄNISCH
night	nat
name	navn
nose	næse
nation	nationalitet
nerve	nerve

SPANISCH	ITALIENISCH	FRANZÖSISCH
noche	notte	nuit
nombre	nome	nom
nariz	naso	nez
nación	nazione	nation
nervio	nervo	nerf, énerver

ISLÄNDISCH	NORWEGISCH	SCHWEDISCH
nótt	natt	natt
nafn	navn	namn
nef	nese	näsa
þjóð	nasjon	nation
taug	nerve	nerv

DEUTSCH	LATEIN
neu	novum
neun	novem
Nummer	numerus, numerare
nun	nunc
Nuss	nux

ENGLISCH	DÄNISCH
new	ny
nine	ni
number	nummer
now	nu
nut	nød

SPANISCH	ITALIENISCH	FRANZÖSISCH
nueve	nove	neuf
nuevo	nuovo	nouveau
número	numero	numéro
ahora	adesso	maintenant
nuez	noce	noix

ISLÄNDISCH	NORWEGISCH	SCHWEDISCH
ný	ný	ný
níu	ni	nio
númer	nummer	nummer
nú, núna	nå	nu
hneta	nøtt	nöt

DEUTSCH	*LATEIN*
Ohr	auris
Olive	oliva
öffentlich, publik, Republik	publicus
Öl	oleum
Orgel	organum

ENGLISCH	DÄNISCH
ear	øre
olive	oliven
public	offentlig
oil	olie
organ	orgel

SPANISCH	ITALIENISCH	FRANZÖSISCH
oreja	orecchio	oreille
oliva	oliva	olive
público	pubblic	public
aceite	olio	huile
órgano	organo	orgue

ISLÄNDISCH	NORWEGISCH	SCHWEDISCH
eyra	øre	öra
ólífa	oliven	oliv
opinber	offentlig	offentlig
olía	olje	olja
orgel	orgel	orgel

DEUTSCH	**_LATEIN_**
Paar, gleich	pars
Patient	pati : leiden, patiens : geduldig
Pfeffer	piper
Pflanze	planta
Polizei	politia: Staatsverfassung
predigen	predicare

ENGLISCH	**DÄNISCH**
pair	par
patient, patience	patient
pepper	peber
plant	plante
police	politi
to preach	prædike

SPANISCH	ITALIENISCH	FRANZÖSISCH
pareja	paio	pareil
paciente, paciencia	paziente, pazienza	patient, patience
pimienta	pepe	poivre
planta	pianta	plante
policía	polizia	police
predicador, prédica	predicare	prêcher, prédication

ISLÄNDISCH	NORWEGISCH	SCHWEDISCH
par	par	par
sjúklingur	pasient	patient
pipar	pepper	peppar
planta	plante	planta
lögregla	polis	politi
að predika	å preke	att predika

DEUTSCH	LATEIN
Religion	religio
Rest, Relikt	relictum, reliqua
Rezept	recipere : einnehmen, annehmen
richtig	rectus
rot	ruber

ENGLISCH	DÄNISCH
religion	religion
relic, rest	rest
recipe, receive	recept
correct, right	korrekt, rigtig
red	rød

SPANISCH	ITALIENISCH	FRANZÖSISCH
religión	religione	religion
resto	resto	reste
receta	ricetta	recette
correcto	corretto	correct
rojo	rosso	rouge

ISLÄNDISCH	NORWEGISCH	SCHWEDISCH
trú	religion	religion
rest	rest	rest
lyfseðill	resept	recept
réttur	rett, riktig	rätt, riktig
rauður	rød	röd

DEUTSCH	LATEIN
Salz	sal
schreiben, Skript	scribere, scriptum
Schule, Scholastiker	schola
Schwamm	spongia
Seele, Psyche	anima

ENGLISCH	DÄNISCH
salt	salt
write, script	skrive, skrift, skrivning
school	skole, skoleår
sponge	svamp
soul, anima, psyche	sjæl

SPANISCH	ITALIENISCH	FRANZÖSISCH
sal	sale	sel
escribir, escrito,	scrivere, scritta	écrire, écriture, écrivain
escuela, escolar	scuola, scolastico,	école, scolaire
esponja	spugna	éponge
alma	anima, psiche	âme, psyché

ISLÄNDISCH	NORWEGISCH	SCHWEDISCH
sal	salt	salt
skrifa, skrift skriflegur	skrive, skrift	skriva, skrift, skrivning
skóli, skilja	skole, skoleår	skola, skolastik, skolelev
svampur	svamp	svamp
sál	sjel	själ

DEUTSCH	LATEIN
Sonne	sol
Stein	petra, calx
Stern, astral	stella, astra
Summe	summa
Suppe	sorbitio

ENGLISCH	DÄNISCH
sun	sol
stone, pit, calculus	sten
star, stellar-, astral	stjerne
sum	sum
soup	suppe

SPANISCH	ITALIENISCH	FRANZÖSISCH
sol	sole	soleil
piedra	pietra	pierre
estrella, astro	stella, astro	étoile, astre, stellaire
suma	somma	somme, résumé
sopa	zuppa	soupe

ISLÄNDISCH	NORWEGISCH	SCHWEDISCH
sól	sol	sol
steinn	stein	sten
stjarna	stjerne	stjärna, asterisk
summa	sum	summa
súpa	suppe	soppa

DEUTSCH	LATEIN
Tafel	tabula
Tag	dies
Talent	talentum
Tempel	templum
Text	textus: Aufeinanderfolge, Zusammenhang einer Rede

ENGLISCH	DÄNISCH
table, timetable	tavle
day	dag
talent	talent
temple	tempel
text	tekst

SPANISCH	ITALIENISCH	FRANZÖSISCH
tableta	tavola, tavoletta	tableau, tablette
día	-dì, giorno	jour
talento	talento, genio	talent
templo	tempio	temple
texto	testo	texte

ISLÄNDISCH	NORWEGISCH	SCHWEDISCH
tafla	tavla	tavla
dagur	dag	dag
gáfa: Gabe	talent	talang
hof	fordømtes	tempel
texti	tekst	text

DEUTSCH	LATEIN
Ton	sonus
traurig, trist	tristis
Treppe	trappa (Lex Salica, 6. Jhd.)
	scalae
Turm	turris

Englisch	Dänisch
tone, sound	tone
tristful	trist
treads (theatre), stairs	trappe
tower	tårn

SPANISCH	ITALIENISCH	FRANZÖSISCH
tono	tono	ton, détonner
triste	triste	triste
escalera	scalinata	escalier
torre	torre	tour

ISLÄNDISCH	NORWEGISCH	SCHWEDISCH
tónn	tone	ton
sorglegur	trist	tråkig, sorglig
trappa, tröppur	trapp	trappa
turn	tårn	torn

DEUTSCH	LATEIN
Uhr, Glocke	horologium, horae
unter	sub, inter

ENGLISCH	DÄNISCH
clock (hour)	klokke, ur
under, sub-	under

SPANISCH	ITALIENISCH	FRANZÖSISCH
reloj	orologio	horloge
¿qué hora es?		
bajo	sotto	sous, dessous

ISLÄNDISCH	NORWEGISCH	SCHWEDISCH
klukka, úr	klokke, ur	klocka, ur
undir	under	under

DEUTSCH	LATEIN
verdammen	damnare
Vernunft	ratio
Veilchen	viola
Vulkan	Vulcanus: Gott der Feuerflammen

ENGLISCH	DÄNISCH
to damn	at fordømme
rationality, reason	fornuft
violet	viol
volcan	vulkan

SPANISCH	ITALIENISCH	FRANZÖSISCH
condenar	dannare	damner
razón	ragione	raison
viola	viola	violette
volcán	vulcano	volcan

ISLÄNDISCH	NORWEGISCH	SCHWEDISCH
að dæma	å fordømme	att fördömma
glóra	fornunft	reson
fjóla	fiol	viol
eldfjall	vulkan	vulkan

DEUTSCH	*LATEIN*
Wasser, (Aquarium)	aqua
Wein	vinum
Wille, wollen	velle, voluntas
Wind	ventus
Winzer	vinitor

ENGLISCH	**DÄNISCH**
water, aquarium	vand, akvarium
wine	vin
will, volition	ville, frivillig
wind	vind
vintner, vigneron	vinavler

SPANISCH	ITALIENISCH	FRANZÖSISCH
agua	acqua, acquatico	eau, aquatique
vino	vino	vin
voluntad, querer	volere, volontà	vouloir, volontaire
viento	vento	vent
viticultor	viticoltore	vigneron

ISLÄNDISCH	NORWEGISCH	SCHWEDISCH
vatn	vann, akvarium	vatten, akvarium
vín	vin	vin
vilji, vilja	vilje, ville	vilja, frivillig
vindur	vind	vind
vínbóndi	vindyrker	vinodlare

DEUTSCH	LATEIN
zehn	decem
Zeit	tempus
Zirkel	circulus, circus: Kreis
Zirkus	circenses
Zucker	zuchara, saccharum
zwei	duo

ENGLISCH	DÄNISCH
ten	ti
time	tid
circle: Kreis, circle: Zirkel	cirkel: Kreis, passer: Zirkel
circus	cirkus
sugar	sukker
two	to

SPANISCH	ITALIENISCH	FRANZÖSISCH
diez	dieci	dix
tiempo	tempo	temps
círculo : Kreis	circolo: Kreis	cercle : Kreis
circo	circense, circo	cirque
azúcar	zucchero	sucre
duo	due	deux

ISLÄNDISCH	NORWEGISCH	SCHWEDISCH
tíu	ti	tio
tími	tid	tid
sirkill: Zirkel	sirkel: Kreis	cirkel: Kreis
sirkus	sirkus	cirkus
sykur	sukker	socker
tvo (Akk.m.)	to	två

Existenz, das

vorhandenseyn.

Ermittiren, auß dem

treibung.

Ex officio, auß Amt

Exorbitant, außerord

Expectanz, die Anw

sind in der Stelle

Expediren, außfer

Unternehm

ⱵӜΔπЉЬ

Teil III   Fremdwörter im Visier

Um die geheime Natur der Fremdwörter zu verstehen, ist es spannend hinter die Kulissen der Etymologie zu schauen.

Wenn vor 50 000 Jahren in Afrika die ersten Wörter existiert haben sollen, die TIK und PAL hießen, erstaunt es umso mehr, dass man vor 4000 Jahren auch noch UG - RIK – RAK und RUDH – KRID – KRAK sagte. Wie groß ist der Sprung zu unserem heutigen deutschen Wortschatz!

Aber auch dieser hat eine jahrhundertelange sprachgeschichtliche Entwicklung hinter sich, die sich bis auf das Indogermanische zurückführen lässt. Dass vielfach das klassische Latein hinter unseren modernen Fremdwörtern steckt, ist nichts Neues. Viel interessanter ist die Rückführung des Lateinischen auf seltsame indogermanische Wortwurzeln. Manches ist gut erkennbar, manches wiederum erscheint durch einen systematischen Lautwandel entstellt.

In unserer deutschen Sprache existieren ca. 60 000 Fremdwörter.

Für die Entwicklung von Fremdwörtern gibt es mehrere Möglichkeiten:

- Das Fremdwort wird aus altsprachlichen Wortelementen (Griechisch oder Latein) neu gebildet,

- es kann aus antiken Schriftquellen entlehnt werden,

- es wird übernommen durch aktuellen Sprachkontakt aus anderen lebenden Sprachen.

(vgl. Fremdwort, 2019)

Auf den nächsten Seiten werden Fremdwörter in alphabetischer Reihenfolge auf die lateinische Etymologie, das heißt auf indogermanische Wortwurzeln zurückgeführt und erklärt.

Die Auswahl der angeführten Fremdwörter beschränkt sich auf jene mit lateinischer Herkunft und erhebt keinen Anspruch auf Vollständigkeit.

ᚺᚲᚾᚦᚨᚠ

Indogermanische Wortwurzeln erkennbar in anderen Sprachen

Indogerman.	Bedeutung	Andere Sprachen (Kontinuanten)
péḱ-u	**Besitz,**	lat. pecus: Vieh, pecunia: Geld
		nhd. Vieh, engl. fee: Lohn, Gehalt
	Eigentum	(Vieh war damals Zahlungsmittel)
wid	**sehen**	Sanskrit: vid : wissen
	bos.	: Sehkraft
	ahd.	: Wissen, Weise
	ahd.	: wissan = gesehen haben
	lat.	: video = ich sehe
	nhd.	: das Video
nokʷt-	**Nacht**	Sanskrit : nákt
	russ.	: noč
	griech.	: nūks
	lat.	: nox, noctis
	altir.	: nocht
	nhd.	: Nacht
	span.	: noche
	ital.	: notte

(vgl. Indogermanische Ursprache, 2019)

Indogermanische Wortgleichungen

Beispiel	indo-german.	alt-indisch	gotisch	griechisch	lat.	althoch-deutsch
ich	égh^2	ahám	ik	egő/egőn	eg	ih
du	tú	t(u)vám	þu	su	tu	du
wir	wéy	vay-ám	weis	hēm-	-	-
Mutter	meh^{2}tér-	mātār	-	mētēr	mater	muoter
Vater	ph^{2}tér-	pitár	fader	patēr	pater	fater
Bruder	b^{h}ré^{2}tor-	bhrātar-	brôþar	phrātōr	frater	bruoder
Herz	kérd-	hrd	haírtō	kardíā	cor	herza
Knie	ĝénu	jānu	kniu	gónu	genu	knie
Salz	sál-	sal-ilá	salt	háls	sal	salz

(vgl. Liste indogermanischer Wortgleichungen, 2019)

Rekonstruktionsmethoden

Die Sprachwissenschaft unterscheidet vier Rekonstruktionsmethoden:

- Die vergleichende Methode
- Interne Rekonstruktion
- Verwandtschaftsberechnungen, Lexikostatistik und Glottochronologie
- Typologisches Verfahren

Im Folgenden soll einiges zur <u>historisch-vergleichenden Methode</u> beschrieben werden.

Für die Rekonstruktion der Vorformen in Sprachgruppen wurde diese Methode anhand der indogermanischen Sprache entwickelt (19.Jhd.) Sie gilt als Standardverfahren in der geschichtlichen Linguistik. Typischerweise verlaufen Lautwandel in einer Sprache sehr systematisch. So greift diese Methode nicht allein aber am besten im Bereich der Phonologie.

Indem man Entsprechungsregeln von aussagekräftigen Wortgleichungen bildet, kann man diese an anderen Verwandten prüfen oder im gegebenen Fall anpassen.

Diese *regelmäßige Entsprechung* ist die Grundlage um erklärbare ursprachliche Ausgangsformen zu bilden. Ebenso ist sie dazu geeignet „plausible Entwicklungswege von den Urformen zu den einzelsprachlichen Lauten" zu formen. [6]

Daraus ergibt sich die Rekonstruktion ursprachlicher Wortwurzeln.

(vgl. Indogermanische Ursprache, 2019)

Sind lateinische Wörter auf indogermanische Wortwurzeln zurückgeführt, kann man Ähnlichkeiten zwischen ihnen gut oder weniger eindeutig erkennen.

Beispiele für gut erkennbare Parallelen:

- Querulant leitet sich ab von lat. ques-tus / kvas heißt es im Indogermanischen

- Domizil kommt von lat. domus / dam heißt im Indogermanischen Wohnung oder bauen

- Deklination von lat. clinere / kli heißt im Indogermanischen neigen, beugen

- Attraktion von lat. attrahere / targh (indogermanisch)

Beispiele für weniger gut erkennbare Parallelen:

- Tabula rasa von lat. ta-bula (ausgespanntes Brett, Tafel) / ta, tan heißt indogermanisch dehnen

- Egoismus von lat. ego / gha im Indogermanischen

- vulnerabel von lat. vulnus, Wunde / vran, varn heißt im Indogermanischen verwunden

(vgl. Vanicek, Alois, 1874, Etymologisches Wörterbuch der lateinischen Sprache)

Teil IV Fremdwörter etymologisch erklärt

ӜπΔҔ

ПҔ **Interpunktion** → **pungere** → **pug**

Interpunktion	Zeichensetzung im Satz
lateinisch	**pungere,** pungo – pupugi – **punctum** : stechen
	expungere : durch Punkte abschließen
	punctum : kurzer Abschnitt in der Rede, einzelner Absatz
	inter : zwischen
	punctio : kleines Teilchen, Abschnitt
indogermanisch	pug : stechen, stoßen

Пҕ Inspiration → spirare, (pusula) → spu

Inspiration   Eingebung, Erleuchtung, Einatmung (med.)

lateinisch   **spirare** [spois, speis, spuso] hauchen, wehen,

blasen, atmen, leben,ausatmen, aushauchen

spiratio : das Atmen

spiritus : Hauch, Luft, Atmen, Leben

spiritualitas : geistige Natur

pusula, pustula : Blase, Pustel, Blatter

indogermanisch   spu, spus : blasen

ⲠЬ **Irritieren → ira → ir**

irritieren	reizen, erregen, unsicher machen, verwirren, stören, belästigen
lateinisch	**ira** : Zorn, Wut, irasci : zürnen, zornig sein
	irritatio : das Reizen, **irritare** : reizen, erregen,
	errare : irren
indogermanisch	ir : erregt sein

ⲠЬ **Epilieren → spoliare → spal**

epillieren	enthaaren
lateinisch	spolium : abgezogenes Fell, abgezogene Haut
	spoliare : rauben
indogermanisch	spal : abziehen

G

ΠƄ **Granulieren → granum → gar**

granulieren	in körnige Form bringen, Körnchen bilden
lateinisch	granum: Korn, Kern
indogermanisch	gar : reiben

ΠƄ **Gravitation → gravis → gar, gal**

Gravitation	Massenanziehungskraft, Schwerkraft
lateinisch	**gravitas** : Schwere, Gewicht, Last
	gravis : schwer, gewichtig
indogermanisch	gar, gal : fallen

ІЖπΔƄ

I

ПҔ Ignorieren → gnarus → gna, gno, gan

ignorieren

nicht wissen wollen, nicht beachten, absichtlich
übersehen.

„ignoramus et ignorabimus" → **„wir wissen (es) nicht und werden
(es auch) nicht wissen"**

Schlagwort für die Unlösbarkeit der Welträtsel.

Formel, die die Erkenntnisgrenze des Menschen
verewigen will.

lateinisch

gnarus : kuindig, gekannt, Gegensatz : i(g)narus

ignorare : nicht wissen, nicht kennen

indogermanisch

gna, gno, gan : erkennen

НЖπΔҔ

ПҔ In memoriam → memor → smar

in memoriam	In Erinnerung (Marcus Tullius Cicero)
lateinisch	memor, altlat. memoris,-e : eingedenk
	memorare : sich an etwas erinnern
	memoria : Gedächtnis, Erinnerung, Andenken, Denkmal
indogermanisch	smar : gedenken, sich bedenken

ҺӜπΔҔ

ᴨᚻ Kultur → colo → kal

| Kultur | Die Gesamtheit der geistigen und künstlerischen Lebensäußerungen einer Gemeinschaft oder eines Volkes. Feine Lebensart, Erziehung und Bildung. |

Kultur

Die Gesamtheit der geistigen und künstlerischen Lebensäußerungen einer Gemeinschaft oder eines Volkes. Feine Lebensart, Erziehung und Bildung.

Zucht von Bakterien u. ä. auf Nährböden. Nutzung und Bebauung von Ackerboden.

Junger Bestand von Forstpflanzen.

Lateinisch

colere, colo – colui – **cultus** : bearbeiten, (geistig) pflegen, ausbilden, veredeln,

verehren, anbeten, schätzen

cultura : Bearbeitung, Bildung, Pflege, Anbau, Bebauung, Verehrung

cultus : geistige Erziehung, (Aus-)Bildung, Zivilisation, Verfeinerung, Lebensweise

indogermanisch

kal, kar : behandeln, begehen

L

ΠϞ Laterne → laterna → lamp

Laterne	eine durch ein Gehäuse geschützte (tragbare) Lampe
lateinisch	**laterna**, lamp, lapterna : Laterne, Lampe
indogermanisch	lamp, lap : leuchten, glänzen

ΠϞ Lektüre → legere → lag

Lektüre	Lesestoff, das Lesen
lateinisch	**legere**, lego – legi – **lectum** : lesen, sammeln, aus suchen, wählen, auslesen, vorlesen
	lectio : das Auswählen, das Lesen, das Vorlesen eines Buches
indogermanisch	lag, rag : sammeln

K

ПҔ **Kantate** → **canere/cantare** → **kan**

Kantate	mehrteiliges, vorwiegend lyrisches Gesangsstück für Solisten oder Chor
	mit Instrumentalbegleitung

lateinisch	canere, cano – cecini – **cantum** : singen
	cantare : singen, cantor : Sänger, cantatio/cantio : Gesang, Lied

indogermanisch	kan : tönen

ҺӁπΔҒ

ℍ   Kasus → cadere → kad

Kasus   Fall, Vorkommnis, Beugungsfall (z.B. Dativ oder
                         Akkusativ)

lateinisch   **cadere**, cado – cecidi – **casus** : fallen

                         casus : Fall   occasio : günstiger Zufall   (engl.

                                             occasion, Gelegenheit)

indogermanisch   kad : fallen, weichen, gehen

ℍ   Kolonie → colere → kal

Kolonie   Ansiedelung von Menschen (außerhalb des
                         Mutterlandes), die ihre völkischen Eigenheiten
                         bewahren. Auswärtige Besitzung eines Staates.

lateinisch   **colere** (altlat. quolere) : betreiben, bearbeiten,
                                                          pflegen, bewohnen

                         colonus : der Landbebauer

                         colonia : Kolonie, Niederlassung

indogermanisch   kal, kar, (kval) : begehen, behandeln

IĠ Kommunikation → munis → mu

Kommunikation	Informationsaustausch
lateinisch	munis : verbindlich, gefällig
	communis : gemeinsam, gemeinschaftlich allgemein
	communicare : etwas gemeinsam machen jmdm. etwas mitteilen
	communicatio : Unterredung, gemeinsame Mitteilung
indogermanisch	mu : binden, festigen

IĠ Konsequenz → sequi → sak

Konsequenz	Folgerichtigkeit, Beharrlichkeit, Zielstrebigkeit, Folgerung
lateinisch	**sequi** : folgen, consequi : unmittelbar folgen, streng befolgen
	consequens: folgerichtig, konsequent
indogermanisch	sak : folgen

ГЬ Kontakt → tangere → stag

Kontakt	Berührung, Verbindung bes. mit Personen auch mit Tieren.
	Berührung zweier Stomleiter; auch Vorrichtung zum Schließen eines Strom - kreises
lateinisch	**tangere**, tango – tetigi – **tactum**: berühren
	tactio : Berühren, Gefühlssinn, Gefühl
indogermanisch	stag : berühren

ГЬ Lux → lux → luk

Lux	Einheit der Beleuchtungsstärke, Zeichen lx
lateinisch	**lux** : Licht, Helligkeit (luc-s, altlat. Louc)
indogermanisch	luk, ruk : leuchten

M

ІЪ Marmor → marmor → mar

Marmor	durch Metamorphose kristallin-körnig gewordener Kalkstein.
	Polierfähige Kalksteine
lateinisch	**marmor** : Marmor, Kunstwerk aus Mar - mor
	(poet. übtr.) glänzende Meeresfläche
Indogermanisch	mar : leuchten, glänzen

ІЪ medial → medialis → madhja

medial	in der Mitte befindlich, die Mitte betreffend, das Medium betreffend
lateinisch	**medialis**, medius : mitten; medietas : Mitte; mediator : Vermittler
indogermanisch	madhja : mitten

ПҺ Mixtur → miscere → misk

Mixtur	Mischung; flüssige Arzneimittel. Meist gebrauchtes Orgelregister, das auf jeder Taste mehrere Pfeifen in Oktaven, Terzen, Quinten, auch Septimen ertönen lässt
lateinisch	**miscere**, misceo – miscui – **mixtum** : vermischen, vermengen
indogermanisch	misk, mik : mischen

N

ПҺ nebulös → nebulosus → nabh

nebulös	unklar, undurchsichtig, dunkel, verworren, geheimnisvoll
lateinisch	**nebulosus** : nebelhaft, trübe, dunkel **nebula** : Nebel
indogermanisch	nabh : umhüllen, bedecken

ПҔ   nervös → nervosus → snar

nervös

nervenempfindlich, nervenschwach, reizbar, fahrig, aufgeregt

lateinisch

nervosus : sehnig, muskulös, nervus : Sehne, Nerv, Muskel

nervinus : aus Saiten gemacht (!)

indogermanisch

snar : spannen

НЖπΔҔ

Ih Militär → miles → mil

Militär   Das gesamte Heerwesen eines Staates

lateinisch   miles : Soldat, Krieger, **militaris** : solda-
                                 tisch

                                 commilito : Kamerad, commilitium :
                                 Kameradschaft

indogermanisch   mil : zusammenkommen, sich verbinden

Ih Misere, miserabel → miseria, miserabilis → mis

Misere   Jammer, Not, Trostlosigkeit
miserabel   erbärmlich, armselig, nichtswürdig,
                                 gemein, verworfen

lateinisch   **miseria**, miseritudo : Elend, Unglück

                                 miserabilis : beklagenswert, kläglich,
                                 jämmerlich

                                 miser : elend, unglücklich, erbärmlich,
                                 krank, leidend
indogermanisch   mis, mi : ankämpfen

ПҔ   Mission → mittere, missio → math

Mission	Sendung, Botschaft, Aufgabe, Auftrag
lateinisch	**mittere**, mitto – misi – **missum**: schicken, loslassen, senden
	missio : das Abschicken, Absenden
indogermanisch	math : werfen, gehen lassen

ПҺ   perforieren → perforare, foro → bhar

perforieren   durchlöchern, löchern, brechen

lateinisch   **perforare** : durchbohren, löchern

                         forare   : bohren

indogermanisch   bhar : bohren

                                        ҺЖπΔҺ

ПҺ   per pedes → pes → pad

per pedes   zu Fuß (gehen)

per pedes apostolorum   zu Fuß wie die Apostel

pedibus – navibus   zu Land – zu Wasser

lateinisch   **pes** : Fuß, **pedes** : Fußgänger (engl. pedestrian, Fußgänger)

                         pedalis : zu Fuß gehend (vgl. das Pedal)

indogermanisch   pad : gehen, treten

150

Пb   Plumbum → plumbum → mluva

Plumbum	Blei, chemischer Grundstoff, Zeichen Pb
lateinisch	**plumbum** [mluvum, mlubum] Blei
indogermanisch	mluva : Blei

P

Пb   Palpation → palpare → palp

Palpation	Untersuchen durch Betasten und Befühlen (Med.)
lateinisch	**palpare** : streicheln, zucken
indogermanisch	palp: streicheln, zucken

ПҌ Patient → pati → pat   **ҺӜπΔҌ**

Patient   Kranker in ärztlicher Behandlung

lateinisch   **pati**: leiden, patientia: Geduld, passio:
                             Dulden, Empfindsamkeit
                             patibilis : empfindsam, leidend

indogermanisch   pat : schlagen, verwunden

ПҌ pekuniär → **pecunia, pecus** → **pak**

pekuniär   Das Geld betreffend

lateinisch   **pecus** : das Vieh, pecurosus: reich an Vieh

                             peculium : das ursprünglich in Viehbesitz
                             bestehende Vermögen

                             (Damals war das Vieh Zahlungsmittel)

                             pecunia : Geld (Bedeutungswandel) urspr.
                             Vermögen an Vieh

indogermanisch   pak, pag : binden, festigen

Q

ႮჇ Querulant → queri, questus → kvas

Querulant	Nörgler, Quengler
lateinisch	**queri,** queror – **questus** sum : (be)klagen, jammern,
	sich beschweren, seufzen
indogermanisch	kvas : seufzen

ႩჄπΔჇ

R

ΠϦ **Rasur → radere → rad**

Rasur

Entfernung des Bartes, der Haare.
Radieren.

Schrifttilgung (z.B. in Geschäftsbüchern)

lateinisch

radere, rado – rasi – **rasus** : schaben,
kratzen, reiben, glätten,

streifen, abscheren, rasieren

rasor : Schaber, Barbier

indogermanisch

rad : schaben, kratzen, reiben, nagen

ΠϦ **rational → ratio → ra**

rational

vernünftig, aus der Vernunft stammend

lateinisch

ratio : Berechnung, Überlegung, Vernunft

indogermanisch

ra : überlegen, bedenken, berechnen

IЬ Rektor → rector → rag

Rektor	Leiter einer Hochschule, Grund-, Mittel-, Realschule
lateinisch	**rector** : Lenker, Leiter, Steuermann
	regere, rego – rexi – **rectum** : richten, lenken, leiten, regieren, herrschen
	(s.auch Regent, Regierung)
indogermanisch	rag, arg : recken, strecken

IЬ Rubin → ruber → rudh

Rubin	roter Edelstein, Mineral
lateinisch	**ruber**, rubra, rubrum : rot, rubor : Röte, das Rot
indogermanisch	rudh : rot sein

ПҌ rustikal → rusticus, crustumeria → karsh

rustikal   ländlich, bäuerlich

lateinisch   **rusticus** : ländlich, bäuerlich, Landmann,
                            Bauer. rus : Feld, Land
                            [Crustuminm : Feld, Landfluss.
                            Crustumeria : Land, Ackerstadt]

indogermanisch   karsh : ziehen, pflügen

ПҌ rumoren → rumor → ru

rumoren   Lärm machen, geräuschvoll hantieren,
                            poltern, rumpeln

lateinisch   **rumor** : Geräusch, Gerücht

indogermanisch   ru : tönen

ҺЖπΔҌ

156

S

IҌ   **Sanguiniker** → **sanguis** → **sag**

Sanguiniker   lebhafter, temperamentvoller Mensch

lateinisch   **sanguinosus** : vollblütig

                                         sanguis : Blut, succus : Saft

indogermanisch   sag, sak, sap : fließen

IҌ   **Sediment** → **sedere** → **sad**

Sediment   Schicht- oder Absatzgestein (geol.)

                                         Bodensatz einer Flüssigkeit (Med.)
                                         (das sich Gesetzte)

lateinisch   **sedere**, sedeo – **sedi** – sessum : sitzen, sich
                                         setzen, sich senken

indogermanisch   sad : sitzen

ПҔ Sektor → sector → sak

Sektor	Kreis,- Kugelausschnitt, (übtr.) Abschnitt, (begrenztes) Gebietsteil, Bezirk, Sachbereich
lateinisch	**sector** : Schneider, Ab,-Zerschneider **secare**, seco – secui – **sectum** : (zer-) schneiden, zerteilen
indogermanisch	sak, ska, ski : schneiden

ЬҖπΔҔ

ПҔ Sexte → sex → saks

Sexte	sechsstufiges Intervall, der sechste Ton der diatonischen Tonleiter (Mus.)
lateinisch	**sex** : sechs, **sextus** : der Sechste
indogermanisch	saks, svaks : sechs

ΠႦ sonor → sonorus → svan

sonor	klangvoll, volltönend
lateinisch	**sonorus** : tönend, klingend, rauschend, schallend
	sonare : tönen, klingen, consonare : zu gleich ertönend (Konsonant!)
indogermanisch	svan : tönen

ΠႦ stagnieren → stagnum → stak

stagnieren	stocken, sich stauen, stehen (bes. auch von Gewässern ohne sichtbaren Abfluss und vom Stillstand eines Gletschers)
lateinisch	**stagnum** : langsam fließendes Gewässer, stehendes Gewässer, Stauwasser
indogermanisch	stak : stauen

Пϧ   Statue → stare → sta

Statue

Standbild, plastische Darstellung
Menschen oder Tieres

lateinisch

stare, sto – steti – **statum** : stehen

stativus : feststehend (Stativ !)

indogermanisch

sta : stehen, fest stehen, starren, stellen

T

Пϧ   Si tacuisses, philosophus mansisses → tacere → tak

Si tacuisses,   *wenn du geschwiegen hättest*

philosophus mansisses   *wärst du Philosoph geblieben*   ,

lateinisch

tacuisses : du hättest geschwiegen

tacere : taceo – tacui – tacitus : schweigen

indogermanisch

tak : ruhig sein

Тҍ Tangente → tangere → stag

Tangente	Gerade, die eine gekrümmte Linie in einem Punkt berührt/tangiert (Math.)
lateinisch	**tangere**, tango – tetigi – tactum : berühren, anfassen
indogermanisch	stag : berühren

Тҍ titulieren → titulare → ti

titulieren	mit dem Titel anreden, benennen, bezeichnen, heißen
lateinisch	**titulare** : benennen, mit einer Inschrift versehen
	titulus : Inschrift auf Altären, Aufschrift, Titel, Buchtitel, Ehre, Ruhm, Ansehen
indogermanisch	ti : ehren

ПҌ Tortur → tortura → tark

Tortur	Folter, Qual, Quälerei, Plage (eigentl. Krümmung, Verrenkung)
lateinisch	**torquere,** torqueo – torsi – **tortus** : (ver-)drehen, winden, quälen
	tortura : Krümmung, Marter
indogermanisch	tark : drehen, winden

ПҌ Tremolo → tremulus → tra

Tremolo	Bebung, schnell hintereinander folgende Wiederholung eines Tones (Instrumente), zitternde und bebende Tonführung beim Gesang
lateinisch	**tremulus** : zitternd, bebend, flackernd, flatternd, unruhig
	tremere, tremo, tremui : zittern, beben
indogermanisch	tra, tram, tras : zittern

ТҌ   turbulent → turbulento → sturb

turbulent	stürmisch, ungestüm, lärmend
lateinisch	**turbulento,** turbulentia : Wirbelwind, Sturmwind, Sturm, Wirbel **turbare**: in Verwirrung bringen, stören
indogermanisch	sturb, stva : lärmen

V

ТҌ   Vakuum, vakant → vacuum → vak

Vakuum	luftverdünnter, d.h. nahezu luftleerer Raum
vakant	frei, leer, unbesetzt, offen
lateinisch	**vacuum** : leerer Raum, die Leere, vacuere **vacuere**: leeren vacuus, vacare : frei, leer sein, unbesetzt sein
indogermanisch	vak : leer sein, mangeln, trennen

Пҍ Vehikel → vehiculum → vagh

Vehikel	klappriges, altmodisches Fahrzeug. Wirkungsloser Stoff in Arzneien, in dem die wirksamen Stoffe gelöst oder verteilt sind (Med.)
lateinisch	**vehiculum** : Fuhrwerk, Fahrzeug, Wagen, Schiff
	vehere, veho – vexi – vectus : fahren, führen, ziehen, tragen, bringen
indogermanisch	vagh : bewegen, fahren, führen

ПҌ veni, vidi, vici (Cäsar)   *ich kam, ich sah, ich siegte*

lateinisch	**veni** : ich kam, venire, venio - veni - ventum: kommen
indogermanisch	g(van), ga : gehen
lateinisch	**vidi** : ich sah, videre, video – vidi – visum : sehen
indogermanisch	vid : sehen
lateinisch	**vici :** ich siegte, vincere, vinco – vici – victum : siegen
indogermanisch	vik : kämpfen, schlagen
	(Wikinger !)

ᚺᚷᛈᛂᚠ

ⲠꜦ   Ventilator → ventilare → va

Ventilator	mechanisch arbeitendes Gerät zum Absaugen und Bewegen von Luft oder Gasen
lateinisch	**ventilare** : fächeln, schwingen; ventilatio: das Lüften; ventus : Wind
indogermanisch	va, av : wehen

ⲠꜦ   Vibration → vibratio → vip

Vibration	Schwingen, Beben, Erschütterung
lateinisch	**vibratio** : mit schwingender Bewegung
	vibrare : schwingen, schleudern, in zitternde Bewegung bringen
indogermanisch	vip : schwingen, zitternd

ᛈᛔ Viril → virilis → vira

viril   männlich (Med.)

lateinisch   **virilis** : männlich, mannhaft
                               vir : Mann

indogermanisch   vira : Mann, Held

ᛈᛔ vital → vitalis → gviv

vital   voller Lebenskraft, lebenswichtig

lateinisch   **vitalis** : zum Leben gehörend
                               vita [gvita] Leben; vivere : leben

indogermanisch   gviv, gi, grig : leben

Пϧ Vokal → vocalis → vak

Vokal	Selbstlaut a – e – i - o – u
lateinisch	**vocalis** : tönend, Selbstlaut; vocare : rufen; vox [voc-s] Stimme
indogermanisch	vak : tönen, sprechen

ҺЖπΔϜ

Teil III

Sprache und Vergnügliches, Redewendungen

Indogermanische Wortwurzeln damals und heute:

„bla" bedeutet im Indogermanischen „plappern" → im Deutschen :
Bla-Bla-Bla

Wortspielereien

Geigenkasten auf Spanisch : Fidel Castro

Italienischer Schnellkochtopf : Garibaldi

(aber korrekt im Schwedischen) Urgroßmutter : Gammelmormor

I know me out with German

Der Junge sieht dir ungeheuer ähnlich.

Der Junge sieht dir Ungeheuer ähnlich.

Der Gefangene floh.

Der gefangene Floh.

Du hast den schönsten Hintern weit und breit.

Du hast den schönsten Hintern, weit und breit.

Dass das Das das Dass ersetzen kann, ist falsch.

Die, die die, die die Dietrichs erfunden haben, verdammen, tun ihnen Unrecht. (Der Satz ist korrekt!)

Vor dem Fenster sah sie den geliebten Rasen.

Vor dem Fenster sah sie den Geliebten rasen.

Wie einfach hatten es die Indogermanen mit ug – rik -rak:

Grundstücksverkehrsgenehmigungszuständigkeitsübertragungsverordnung.

Rindfleischettikettierungsüberwachungsaufgabenübertragungsgesetz.

(einfacher: RkReÜÄÜÄ) *(die Abkürzung geht fast wieder Richtung indogermanisch !!)*

I think we have a bird!!

tagsüber: DER Weizen   DAS Korn

abends :   DAS Weizen   DER Korn

tagesunabhängig:

das Band   die Bänder

der Band   die Bände

die Band   die Bands

Deutsch	Englisch	Deutsch	Englisch
Der	the	du	you
Die	the	dich	you
Das	the	dir	you
Dem	the	Sie	you
Den	the	Ihnen	you
Des	the	ihr	you
		euch	you

(vgl. 12 Beweise, dass Deutsch eine komische Sprache ist, 2020 - vgl. 29 Beweise, dass es fast unmöglich ist, Deutsch zu lernen, 2020)

Historische Redewendungen: Latein

„Cetero censeo Carthaginem esse delendam" *(Cato)*

Im Übrigen bin ich der Meinung, dass Karthago zerstört werden muss.

„Nolens volens" *(Augustinus von Hippo)*

Nicht wollend wollend. (ungern)

„Noli turbare circulos meos" *(Archimedes)*

Störe meine Kreise nicht.

„Veni, vidi, vici" *(Caesar)*

Ich kam, sah, siegte.

„Non scholae, sed vitae discimus" *(Seneca)*

Nicht für die Schule, sondern für das Leben lernen w

Redewendungen in verschiedenen Sprachen

Die Würfel sind gefallen

Lateinisch	alea iacta est
Englisch	the dice is cast
Französisch	le dé est jeté
Spanisch	la suerte está echada
Italienisch	il dado è tratto
Dänisch	terningen er faldet
Isländisch	teningunum er kastað
Norwegisch	terningen har falt
Schwedisch	tärningen är kastad

Alle Wege führen nach Rom

Lateinisch	omnes viae ducunt Romam
Englisch	all roads lead to Rome
Französisch	tous les chemins mènent á Rome
Spanisch	omnes los caminos llevan a Roma
Italienisch	tutte le strade portano a Roma
Dänisch	alle veje fører til Rom
Isländisch	allir vegir liggja til Rómur
Norwegisch	alle veier fører til Roma
Schwedisch	alla vägar bär till Rom

<u>Schwedisch</u>

Gammal i skinnet men ung i sinnet.

Alt von außen, junger Sinn.

<u>Französisch</u>

Premier venu, premier servi.

Wer zuerst kommt, mahlt zuerst.

<u>Spanisch</u>

Cada oveja con su pareja.

Gleich und gleich gesellt sich gern.

<u>Dänisch</u>

Den ene hånd vasker den anden.

Eine Hand wäscht die andere.

<u>Spanisch</u>

Fulano y Zutano

Otto Normalverbraucher

(vgl. Schwedische Sprichwörter, 2019 - vgl. Dänische Sprichwörter, 2019)

Redewendungen - Isländisch

Da sich die isländische Sprache seit dem 9. Jahrhundert nicht mehr sehr verändert hat, existieren viele alte Redensarten und Ausdrücke, die nicht immer Sinn machen, aber auch heute noch verwendet werden.

Blindur er bóklaus maður   *Blind wie ein buchloser Mann*

(In Island werden die meisten Bücher der Welt pro Kopf gelesen. Wenn man nicht liest, wird man blind oder ignorant gegenüber vielen Dingen).

Alveg út að aka   *Komplett draußen fahren*

(Neben der Spur sein oder sich verrückt benehmen).

Leggia höfuðið í bleyti   *Leg deinen Kopf ins Wasser*

(Der Satz ist gebräuchlich, wenn der Isländer über etwas nachdenken oder eine wichtige Entscheidung treffen muss).

Gluggaveður   *Fenster - Wetter*

(Der Ausdruck bedeutet, dass es draußen wirklich kalt ist, obwohl es schön war, als man aus dem Fenster geschaut hat).

Allt með kalda vatinu   *Es kommt alles mit dem kalten Wasser*

(Wenn man Geduld hat, wird alles klappen).

(vgl. 12 komische isländische Redewendungen und Sätze)

Haensulus et Graetula, cnusper cnusper casa…

(Hänsel und Gretel)

„Gallia est omnis divisa in partes duas quarum unam incolunt Haensullus Graetulaque cum parentibus suis, altera parte hexa brutala. Parentes transportant Haensulum Graetulamque in partem hexae.

Hexa in casa sua, Haensulus Graetulaque ante portas.

Hexa dixit: „Cnusper cnusper cnasa, qui cnuspat mea casa ?"

Audiatur et altera pars:

„O casa, o casa, nostra tabula rasa!

Ave hexa ! Morituri te salutant. Dona nobis panem et circenses!"Hexa dixit: „Ecce homo! Homo novus ! In dulci jubilo !

O Graetula, ora et labora! Ceterum censeo, Haensulum esse delendum."

Cremtorio praeparato Graetula erat deus ex machina.

Hexa in crematorio.

Exitus.

Graetula dixit: „Alea iacta. De mortuis nihil nisi bene. Veni, vidi, vici."

(vgl. Fabulae – Latein, 2020)

Stilblüten Latein

Latein	Schülerübersetzung
Bello finito *(nachdem der Krieg beendet worden war)*	der Hund ist tot
lex brevis *(ein kurzes Gesetz)*	das kurze Bein
generosus *(edel)*	zeugungsfähig
commoda colonorum *(die Vorteile der Siedler)*	die farbenfrohe, bunte Kommode

↓

Nihil ut via !!   *Nichts wie weg !*

Nachwort

Was halten Sie davon ?

„Bei der intendierten Realisierung der linguistischen Simplifizierung des regionalen Idioms resultiert die Evidenz der Opportunität extrem apparent, den elaborierten und quantitativ opulenten Usus nicht assimilierter Xenologien konsequent zu eliminieren !

Ist „rudh – krik – krak"

nicht doch einfacher zu verstehen?

(Zur Vereinfachung der Muttersprache

erscheint es sehr sinnvoll,

nicht so viele Fremdwörter zu benutzen...")

(vgl. Gebildete Umschreibungen, 2019)

ⱵℲπΔ**Ϧ**ⱵℲπΔ**Ϧ**

Verzeichnis der verwendeten Fremdwörter

E

Egoist

epilieren

G

granulieren

Gravitation

I

ignorieren

in memoriam

Interpunktion

Inspiration

irritieren

K

Kantate

Kasus

Kommunikation

Konsequenz

Kontakt

Kultur

L

Laterne

Lektüre

Lux

M

Marmor

medial

Militär

Misere

miserabel

Mission

Mixtur

N

nebulös

nervös

P

Palpation

Patient

pekuniär

perforieren

per pedes

Plumbum

Q

Querulant

R

Rasur

rational

Rektor

Rubin

rustikal

rumoren

S

Sanguiniker

Sediment

Sektor

Sexte

sonor

stagnieren

Statue

Si tacuisses…

T

Tangente

titulieren

Tortur

Tremolo

turbulent

V

Vakuum

vakant

Vehikel

Ventilator

Vibration

veni, vidi, vici

viril

vital

Vokal

Verzeichnis der verwendeten lateinischer Herkunftswörter

A

advenire; advenio, adveni, adventum	ankommen
agere; ago, egi, actum	tun, machen, handeln
aggredi; aggredior, aggressus sum	angreifen
albus	weiß
alea	Würfel
alienus	fremd
alius	anderer
angere; ango, anxi	beengen
attrahere; attraho, attraxi, attractum	anziehen
avertere; averto, averti, aversum	abwenden

C

canere, cantare	singen
carmen, -inis	Lied, Gedicht
carus	lieb, wert, teuer
casus	Fall
cerebrum	Gehirn
circus	Zirkus, Arena
communicare	gemeinsam machen
consequi; consequor, consecutus sum	streng befolgen

colere; colo, colui, cultus	bebauen, pflegen
cultura	geistige Erziehung

D

dare; do dedi, datum	geben
declinere	aus-, abbiegen
domus	Haus, Gebäude
duo	zwei
duplex,- icis	doppelt

E

ego	ich

G

granum	Korn, Kern
gravis	schwer

I

ignorare	nicht kennen
in memoriam	in Erinnerung
irritare	reizen, erregen

L

laterna	Laterne
legere; lego, legi, lectum	lesen, sammeln
lectura	Lesestoff
lux, lucis	Licht

M

marmor,- oris	Marmor
medius, medialis	mitten
miles,- itis	Soldat
militaris	soldatisch
miscere; misceo, miscui, mixtum	mischen
misera	Not, Elend
miserabilis	elend
mittere; mitto, misi, missum	schicken, senden
missio,- onis	das Abschicken

N

nebula	Nebel
nebulosus	neblig
nervus	Nerv

P

palpare, palpitare	streicheln, zucken
pati; patior, passus sum	leiden
patientia	Geduld
pecus	Vieh/Vermögen
pecunia	Geld
perforare	durchlöchern
pes, pedis	Fuß
plumbum	Blei

Q

queri; queror, questus sum	(be)klagen, jammern

R

radere; rado, rasi, rasum	kratzen, schaben
ratio	vernünftges Denken
regere; rego, rexi rectum	lenken, leiten
ruber,-a. -um	rot
rusticus, -a, -um	ländlich, bäuerlich
rusticus	Bauer
rus, ruris	Feld
rumor, -oris	Lärm, Geräusch

S

sanguis, -inis	Blut
sector, -oris	Abschnitt
secare; seco, secui, sectum	schneiden
sedere; sedeo, sedi, sessum	sitzen, sich setzen
sex	sechs
spoliare	etwas rauben
spolium	abgezogenes Fell
sonorus	tönend, klingend
sonare	klingen
consonare	zugleich tönen
sonus	Klang, Ton
stagnum	Stauwasser
statua	Standbild
tacere; taceo, tacui, tacitus	schweigen

T

tangere; tango, tetigi, tactum	berühren
titulare	benennen
titulus	Inschrift
torquere; torqueo, torsi, tortus	drehen
tremere; tremo, tremui	zittern, beben
turbulento, -onis, turbulentia	Sturmwind

V

vacare	frei, unbesetzt sein
vacuum	leerer Raum
vehiculus	Fuhrwerk
venire; venio, veni	kommen
ventus	Wind
vibratio, -onis	Schwingung, Beben
videre; video, vidi, visum	sehen
vincere; vinco, vici, victum	siegen
virilis	männlich
vir	Mann
vita	Leben
vitalis	zum Leben gehörend
vivere; vivo, vixi, victurus	leben
vocalis	tönend; Selbstlaut
vocare	rufen
vox,-vocis	Stimme

Literaturverzeichnis

Dänische Sprache-Wikipedia

de.wikipedia.org/wiki/Dänische_Sprache, Stand 27.06.2019

Dänische Sprichwörter-Wikipedia

De.wikiquote.org/wiki/DänischeSprichwörter, Stand 09.08.2019

Deutsche Sprachgeschichte – Wikipedia

de.wikipedia.org/wiki Deutsche_Sprachgeschichte, Stand 27. 06. 2019

dict.cc/Wörterbuch Latein-Deutsch/Dictionarium Latinum

dela.dict.cc, Stand 10.08.2019

Die Geschichte der französischen Sprache: Ein Überblick

de.babbel.com/de/magazine/geschichte-der-französischen-sprache, Stand 13.07.2019

Englische Sprache – Wikipedia

de.wikipedia.org/wiki/Englische_Sprache, Stand 13.07.2019

Einiges zum Lehngut lateinischen Ursprungs im Deutschen

www.phil.muni.cz/german/mediaev/histsem/lat-dt-HS.html, Stand 10.08.2019

Fabulae-Latein

www.Latein-pagina.de./iexplorer/fabulae, Stand 02.03.2020

Französische Sprache – Wikipedia

de.wikipedia. org/wiki/Französische_Sprache, Stand 30.05.2017

Fremdwort-Wikipedia

de.wikipwdia.org/wiki/Fremdwort, Stand 22.05.2019

Gebildete Umschreibungen

www.janko.at/Zitate/Themen, 22.05.2019

Genetische Verwandtschaft (Linguistik) – Wikipedia

de.wikipedia.org/wiki/Genetische_Verwandschaft_(Linguistik) Stand 30.05.2019

Holtze`s Wörterbücher Dänisch

Leipzig, Deutschland: Druck Oscar Brandstetter, 1913

Indogermanisch – Die Mutter aller Sprachen - Bildung

www.badische-zeitung.de/indogermanisch-die-mutter-aller-sprachen-66266496.html
Stand 29.05.2019

Indogermanische Ursprache-Wikipedia

de.wikipedia.org/wiki/Indogermanische_Ursprache, Stand 08.08.2019

Isländische Sprache–Wikipedia

de.wikipedia.org/wiki/Isländische_Sprache, Stand 06.08.2019

Isländischer Sprachpurismus – Wikipedia

de.wikipedia.org/wiki/Isländischer_Sprachpurismus, Stand 06.08.2019

Italienische Sprache – Wikipedia

de.wikipedia.org/wiki/Italienische_Sprache, Stand 29.05.2019

Jakob, Stefan *Vom Indogermanischen zum Deutschen*

Geschichte der deutschen Sprache von den Anfängen bis zur Gegenwart, 2003

Apache/2.4 Server at stefanjakob.de Port 80, Stand 25.05.2019

Klinger, *Udo G. Geschichte der deutschen Sprache – udoklinger.de*

www.udoklinger.de/Deutsch/Grammatik/Gesch.htm Stand 02.06.2019

12 komische isländische Sprichwörter und Sätze

www.extremeiceland.is/.../3126-12-komische-sprichwörter-und saetze, Stand 16.06.2019

12 Beweise, dass Deutsch eine komische Sprache ist

www.n-joy.de./leben/Deutsch-ist-eine-strange-Sprache-12 Beweise, deutschesprache 128.html, Stand 04.02.2020

29 Beweise, dass es fast unmöglich ist, Deutsch zu lernen

www. Watson.ch/spass/digital/724157644-zum-glueck-müssen-wir-nicht-deutsch-lernen-so-lacht-das-internet-über-unsere-sprache, Stand 23.03.2018

Langenscheidt Power Dictionary Englisch

Berlin, München, Deutschland: Langenscheidt-Verlag 2002

Langenscheidt Premium Schulwörterbuch Französisch

Berlin, München, Deutschland: Langenscheidt -Verlag 2009

Langenscheidts Universal-Wörterbuch Isländisch

Berlin, München, Deutschland: Langenscheidt-Verlag 1992

Langenscheidt Power Wörterbuch Italienisch

Berlin, München, Deutschland: Langenscheidt-Verlag 2005

Langenscheidts Universal-Wörterbuch Norwegisch

Berlin, München, Deutschland: Langenscheidt-Verlag 1974

Langenscheidt Power Wörterbuch Spanisch

Berlin, München, Deutschland: Langenscheidt-Verlag 2005

Latein – Wikipedia

de.wikipedia.org/wiki/Latein, Stand 30.05.2019

Lautverschiebung – Wikipedia

de.wikipedia.org/wiki/Lautverschiebung, Stand 09.08.2019

Liste indogermanischer Wortgleichungen

de.wikipedia.org/wiki/Liste_indogermanischer_Wortgleichungen, Stand 02.05.2019

Max-Planck-Gesellschaft *Dem Gehirn beim Sprachenlernen zugeschaut*

www.mpg.de10627141/sprachenlernen-grammatik-im -gehirn, Stand 28.06.2016

Neuhold, Michael *Vom Indogermanischen zum Deutschen*

www.mneuhold.at/divlang/idg_dt.html, Stand 10.07.2019

Norwegische Sprache – Wikipedia

de.wikipedia.org/wiki/Norwegische_Sprache, Stand 10. 07.2019

Pons Wörterbuch, *Schule und Studium Latein- Deutsch*

Stuttgart, Deutschland: Pons-Verlag 2007

Romanische Palatalisierung – Wikipedia

de.wikipedia.org/wiki/Romanische_Palatalisierung, Stand 28.05.2019

Romanische Sprachen – Wikipedia

de.wikipedia.org/wiki/Romanische_Sprachen, Stand 28.05.2019

Schwedische Sprache – Wikipedia

de.wikipedia.org/wiki/Schwedische_Sprache, Stand 10.07.2019

Schwedische Sprichwörter

de.wikiquote.org/wiki/Schwedische Sprichwörter, Stand 09.08.2019

Spanische Sprache- Wikipedia

de.wikipedia.org/wiki/Spanische_Sprache, Stand 28.05.2019

The Concise Oxford Dictionary of English Etymology

Oxford, England: Oxford University Press 1986

Universität Graz, *Indogermanische Sprach- und Kulturwissenschaft*

zentrum-antike.uni-graz.at/.../indogermanische-sprach-und-kulturwissenschaft,Stand 02.05.2019

Universität Stuttgart, *Sprache und Gehirn/Lokalisation der Sprache im Gehirn*

www2.ims.uni-stuttgart.de/sgtutoria/overview.html, Stand 01.03.2016

Vanicek Alois, 1874, *Etymologisches Wörterbuch der lateinischen Sprache*

Leipzig, Deutschland: Druck und Verlag B.G.Teubner